Ｋ金尉出版　　**Money**錢

Ⓚ金尉出版　　**Money**錢

活用技術分析寶典

從K線、均線到交易高手的養成秘笈

下冊

朱家泓 —— 著

Ⅸ金尉出版　　**Money**錢

 目錄

目錄

目錄

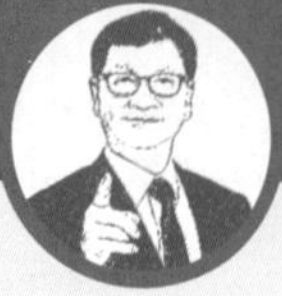

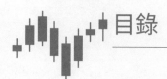

目錄

自序 1

股市修行40年
願渡有緣人

股市是修行的道場，「初入不知股市險，再入已是股市人」。走出校門步入社會的莘莘學子，自認練就一身武功，抱著美麗願景與自信下山挑戰武林，一陣闖蕩後遍體鱗傷，才知道理想很豐滿，現實很骨感，很多人進入股票市場也是這樣。

我踏入股市，經歷過1990年台股大盤由高點12,682點，經過7個月慘跌到2,550點的狀況，當時自己與絕大多數散戶一樣，多年的積蓄付諸東流；如今，也見證到2024年台股創24,416點歷史高點的奇蹟。

我進入股市前面22年，是菜鳥浮浮沉沉，直到2006年57歲才正式開始學習技術分析，並且下定決心把股市當作個人事業的第三春（第一春是中正理工學院1973年畢業服務軍旅，第二春是1995年退伍開設印刷禮贈品公司），人生第三春，把經營股市作為事業，從此踏上股市的不歸路。

2011年7月，金尉出版社（原富傳媒股份有限公司），幫我出版了第1本《抓住飆股輕鬆賺》基礎技術分析書，之後陸

續出版《抓住線圖股民變股神》、《抓住 K 線獲利無限》、《做對 5 個實戰步驟你就是賺錢高手》，至今 13 年，4 本書銷售超過 30 萬本。在出第 1 本書後的次年 2012 年，承蒙「理周教育學苑」請我開股票技術分析相關課程，轉眼至今也整整教學 12 年之久。

這十幾年下來的教學相長以及在股市中的實戰操作，讓我對技術分析有更深層的體悟，一直想寫一本結合理論與實戰的技術分析大全，把個人這十多年的股市心得分享給與我有相同職志的投資朋友參考，經過 3 年的慢工出細活，終於在金尉出版社始終如一的支持之下，完成這本書。

股市的複雜性難以想像，有永遠學不完的學問，但要掌握所有的因素才做股票，也是不切實際，經歷 40 餘年操作，終於領悟化繁為簡，一招半式練到爐火純青，自然就能闖股市武林且立於不敗之地，讀者如能熟讀這本《活用技術分析寶典》的內容，應用在股市選股、進場、停損、停利的練習，假以時日必能在股市中闖出屬於你的武林。

寫這本書的目的，是希望能成為讀者最實用的炒股工具，操作時心法要化繁為簡，如此才易於執行。

用技術分析養成賺錢的習慣，在股市致富是水到渠成的自然結果，在此特別提供下列賺錢的習慣，希望讀者可以一邊學習一邊體會，早午晚當經誦唸，久而久之就能發揮書中功力，成為股市贏家。

養成賺錢的習慣口訣：

1. 買強不買弱；

2. 買低不追高；

3. 順勢不逆勢；

4. 停損不套牢；

5. 停利不猶豫。

祝讀者在股市中從此順風順水，順心順意，一帆風順！

家泓

2024 年 10 月寫於工作室

自序 2

散戶的問題
技術分析都有答案

已故股市名人，資深股民「阿土伯」在一次接受《三立財經台》訪問的時候大罵王雪紅，原來他在 2014 年 5 月時用 175 元進場買了 80 多張宏達電（2498），耗資 1,400 萬元，抱到 2015 年 6 月，股價直接下殺到 83.6 元賣出，賠了 731 萬元。

打開宏達電的走勢圖，如果用技術分析來操作這檔股票，阿土伯的問題就迎刃而解。2014 年 5 月 6 日阿土伯以 175 元進場買宏達電，就技術分析紀律來看，犯了下面的錯誤，才導致股價腰斬大賠 731 萬元：

1. 進場買點位置錯誤，當天趨勢是跌破前低後反彈到高檔，出現爆大量的變盤線，不該追高。

2. 接著 5 月 9 日長黑 K 跌破 5 均，跌破進場紅 K 最低點，當日應該停損。

3. 5 月 30 日長黑 K 跌破盤整低點，趨勢反轉空頭確認，當日為絕對停損點，趨勢轉空，股價後續一路下跌，股票套牢。

4. 到了 2015 年 8 月 7 日，宏達電股價續跌，阿土伯在 83.6 元認賠賣出。

5. 如果阿土伯在 83.6 元不認賠，後續空頭跌到 40.35 元，股價再腰斬。

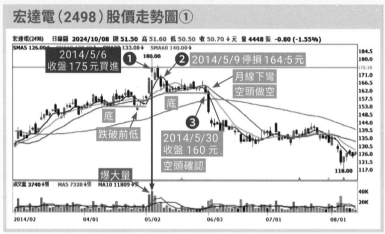

資料來源：富邦 e01 及嘉實資訊

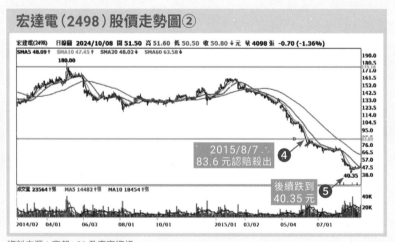

資料來源：富邦 e01 及嘉實資訊

　　其實股價漲跌是市場交易的結果，投資人一直弄不懂的是為什麼有些公司基本面很好，股價卻一直下跌；有些公司沒有業績表現，股價突然大漲。不是只有王雪紅的宏達電會跌，郭台銘的鴻海（2317）從最高375元也跌到最低52.6元，大立光（3008）的股價最高6,075元也一路跌到1,525元，如果只是「憑感覺」去買股票，即使是好公司，也會讓你賠得很慘。

　　那麼，要怎麼解決股票一買就跌，一賣就漲的問題？

　　大部分散戶買股票憑感覺、聽消息，看節目分析師介紹就進場，往往總是買到高點，短線獲利的賣壓隨時都會出現，因此常常一買就跌，當連續下跌幾天，賠錢賣出，股價也修正差不多了，這時股價再次上漲，感覺股票賣了就漲。

　　如果用技術面來操作股票，就會有一定的進場位置，買進之後有操作的步驟方法，只要恪守紀律操作，最終會有下面3個結果：

　　1. 股票果然如預測的一樣連續大漲，依照紀律停利，結果大賺（獲利超過15%以上）。

　　2. 股票走勢不強漲，沿5日均線慢慢上漲，依照紀律停利，結果只有小賺（獲利5%～8%左右）。

　　3. 買進後走勢不理想，跌破停損價，依照紀律停損，結果小賠（平均大概賠5%）。

　　無論任何股票，依照紀律操作最壞情形就是小賠停損出場，絕對不會有套牢的情形。

　　技術分析到底能夠告訴投資人什麼？技術分析是綜合市場理性和非理性交易的結果，這個結果能夠反映出許多市場的訊息，當我們了解市場交易人的看法，遵從市場的方向，採取一定勝率的方法操作，自然就可以得到大賺小賠的贏家結果（參閱本書下冊第 12 篇〈高勝率方程式〉及〈技術分析操作的目標管理〉單元），技術分析的訊號，在告訴投資人下列的訊息：

　　1. 股票現在的趨勢方向：是多頭趨勢、空頭趨勢還是區間盤整（參閱本書第 2 篇〈趨勢篇〉）。

　　2. 股價在趨勢中波段的位置：

　　　（1）多頭趨勢是底部反轉剛確認多頭，還是在上漲初升段、上漲主升段或末升段。

　　　（2）空頭趨勢是頭部反轉剛確認空頭，還是在下跌初跌段、下跌主跌段或末跌段。

　　　（3）股價今天多頭是起漲、高檔、遇壓力位置、回檔，還是遇支撐位置；股價今天空頭是起跌、低檔、遇支撐位置、反彈，還是遇壓力位置。

　　3. 技術分析圖上有明確的支撐與壓力位置（參閱本書第 6 篇〈支阻篇〉），可以讓投資人做好事前的準備，到支撐、壓力位置時，股價出現變化可以及時應對。

　　4. 當天 K 線變化，能夠顯示當天交易多空力道的強弱及改變（參閱本書第 3 篇〈K 線篇〉），告訴投資人股價明日可能的漲跌，投資人可以做好準備。

　　在股中打滾 40 多年，說實在，除了存股長期投資之外，一般散戶如果沒有一套有效的方法，要在股市中穩定賺大錢的確不容易。但技術分析易學易懂，只要假以時日的小資金實戰練習，守紀律地選股、進場、操作、停損、停利出場，在股市賺錢自然不是難事。

　　個人總結這十多年教學經驗，整理這本《活用技術分析寶典》，希望提供投資人一項股市賺錢的工具，在股市中創造財富，歡度美好人生。

　　最後，這本書的誕生歷時 3 年，過程中承蒙許多前輩、專家給予指導與鼓勵，完稿後，林穎老師細心幫忙校稿，終能與讀者見面，在此表達誠摯的謝意。

2024 年 10 月寫於工作室

Part 06
支阻篇

支撐壓力
定進出

6-1
支撐壓力的重要觀念

技術分析的 2 大探討核心為「波浪趨勢」與「支撐、壓力」，當趨勢在行進時，多頭上漲到某一個位置時會出現停滯盤整或回檔下跌，跌到某一個位置時會出現跌不下去或止跌回升的情形。反過來，在空頭下跌時也是一樣，這些止漲或止跌的位置，就是股價行進時，遭遇到壓力漲不上去，或是遇到支撐而跌不下去的原因。

因此我們要是知道支撐、壓力的位置在哪裡，事先就能夠大概知道股價會漲到哪裡、下跌到哪裡，自然就可以掌握到股價漲跌的節奏了。

「支撐」的形成是因為在某個位置出現大量的買進力量，把股價拉抬上漲，因此下方買進的投資人就形成一股獲利的支撐力量。

「壓力」的形成是因為在某個位置出現大量的賣出力量，把股價打壓下跌，因此上方買進的投資人就形成一股被套牢等著解套的壓力。

支撐與壓力並非絕對

走勢中會遇到各種不同的支撐與壓力，這些支撐與壓力都不是絕對的，有時壓力會被突破，支撐會被跌破，因此是否有支撐與壓力，必須在技術面上股價的反應確認後做判斷，例如多頭的回檔遇到上揚的月線支撐，如果沒有確認有支撐就買進股票，萬一次日繼續下跌，跌破月線，就被套牢了。

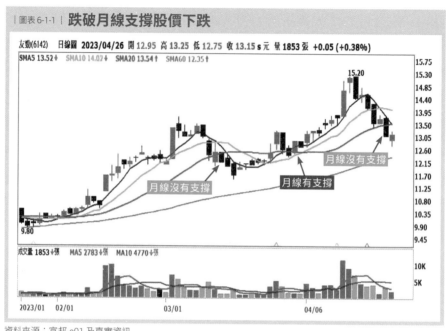

|圖表 6-1-1 | **跌破月線支撐股價下跌**

資料來源：富邦 e01 及嘉實資訊

面臨支撐與壓力的可能變化

一、接近壓力的變化

當股價上漲接近壓力的時候，看當日 K 線的變化來判斷是否有壓力：

1. 遇壓力當天出現大量中長紅 K，多方買盤仍強，注意次日要過壓力，如果次日收下跌黑 K，即所謂「關前爆大量，股價不漲要回檔」。

2. 遇壓力當天出現大量長上影 K 線或中長黑 K，盤中過壓力，但是收盤沒有過壓力，表示出現賣壓，次日容易下跌。

3. 遇壓力當天出現大量變盤線，多空雙方還在膠著，要注意次日股價的變化，如果次日收下跌黑K，股價就確認遇壓回檔。

4. 遇壓力當天出現大量中長紅K，突破壓力，注意次日出現大量長黑K下跌，假突破的機率很高，要做好多單停損的準備。

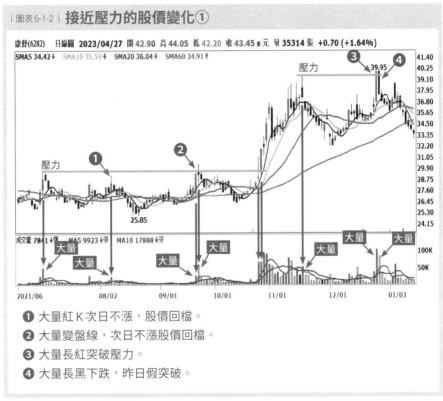

│圖表6-1-2│ **接近壓力的股價變化①**

❶ 大量紅K次日不漲，股價回檔。
❷ 大量變盤線，次日不漲股價回檔。
❸ 大量長紅突破壓力。
❹ 大量長黑下跌，昨日假突破。

資料來源：富邦 e01 及嘉實資訊

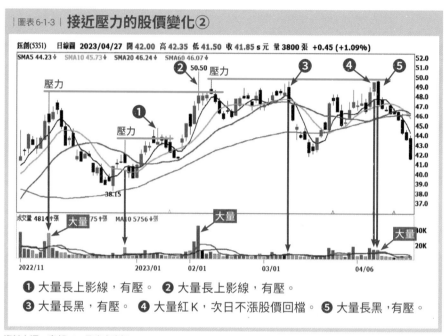

圖表 6-1-3 | **接近壓力的股價變化②**

❶ 大量長上影線，有壓。　❷ 大量長上影線，有壓。
❸ 大量長黑，有壓。　❹ 大量紅 K，次日不漲股價回檔。　❺ 大量長黑，有壓。

資料來源：富邦 e01 及嘉實資訊

二、接近支撐的變化

當股價下跌接近支撐的時候，看當日 K 線的變化來判斷是否有支撐：

1. 遇支撐當天出現大量中長黑 K，空方賣盤仍強，注意次日要跌破支撐，如果次日收上漲紅 K，即所謂「遇撐爆大量，股價不跌要反彈」。

2. 遇支撐當天出現大量長下影 K 線或中長紅 K，盤中跌破支撐，但是收盤沒有跌破支撐，表示出現買盤力道，次日容易反彈。

3. 遇支撐當天出現大量變盤線，多空雙方還在膠著，要注意次日股價的變化，如果次日收上漲紅 K，股價就確認遇支撐反彈。

| 圖表6-1-4 | **接近支撐的股價變化①**

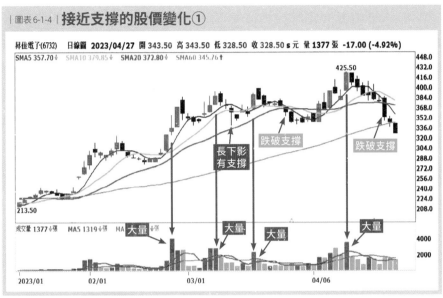

資料來源：富邦 e01 及嘉實資訊

| 圖表6-1-5 | **接近支撐的股價變化②**

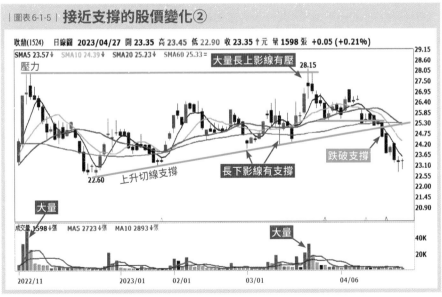

資料來源：富邦 e01 及嘉實資訊

4. 遇支撐當天出現大量中長黑 K，跌破支撐，注意次日出現大量長紅 K 上漲，假跌破的機率很高，要做好空單停損的準備。

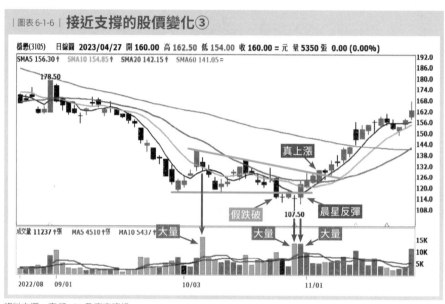

|圖表 6-1-6 | **接近支撐的股價變化③**

資料來源：富邦 e01 及嘉實資訊

▌支撐與壓力的進出位置判斷

一、多頭趨勢中關鍵支撐買進訊號

1. 多頭回檔遇到月線、季線支撐，出現止跌的紅 K 或長下影線，是準備次日上漲的買點。

2. 多頭回檔遇到上升切線的支撐，出現止跌的紅 K 或長下影線，是準備次日上漲的買點。

3. 多頭回檔遇到前低的支撐，出現止跌的紅 K 或長下影線，是

準備次日上漲的買點。

4. 多頭回檔遇到下方大量跳空缺口的支撐，出現止跌的紅K或長下影線，是準備次日上漲的買點。

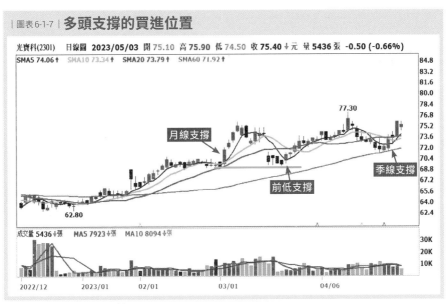

|圖表 6-1-7| **多頭支撐的買進位置**

資料來源：富邦 e01 及嘉實資訊

二、空頭趨勢中關鍵壓力做空訊號

1. 空頭反彈遇到月線、季線壓力，出現止漲的黑K或長上影線，是準備次日下跌的空點。

2. 空頭反彈遇到下降切線的壓力，出現止漲的黑K或長上影線，是準備次日下跌的空點。

3. 空頭反彈遇到前高的壓力，出現止漲的黑K或長上影線，是準備次日下跌的空點。

4. 空頭反彈遇到上方大量跳空缺口的壓力，出現止漲的黑 K 或長上影線，是準備次日下跌的空點。

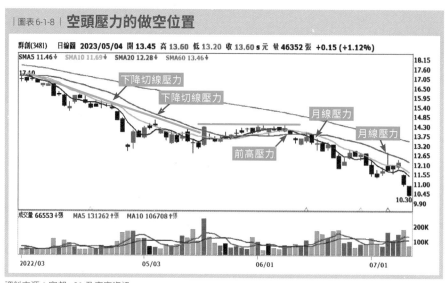

|圖表 6-1-8| **空頭壓力的做空位置**

資料來源：富邦 e01 及嘉實資訊

■不同趨勢支撐、壓力的慣性變化

一、多頭趨勢支撐、壓力的變化

在多頭走勢觀察支撐與壓力的變化，可以掌握趨勢的強弱與趨勢的變化：

1. 多頭沿著 10 日均線上漲，回檔不破 10 日均線，為強勢多頭。

2. 多頭回檔不破前低支撐，維持在月線之上，月線上揚，表示多頭趨勢不變，可以繼續做多。

3. 多頭上漲突破前高壓力，表示多頭沒有改變，上漲沒有突

破前高壓力下跌，表示多頭進入盤整。

4. 多頭回檔跌破前低支撐，表示多頭趨勢改變，再反彈沒有突破前高壓力，是多單逃命波的賣點。

5. 多頭回檔跌破月線支撐，表示多頭趨勢轉弱，3 ～ 5 日內無法突破月線，月線容易下彎，形成對股價的壓力。

二、空頭趨勢支撐壓力的變化

在空頭走勢觀察支撐與壓力的變化，可以掌握趨勢的強弱與趨勢的變化：

1. 空頭沿著 10 日均線下跌，反彈沒有突破 10 日均線，為弱勢空頭。

2. 空頭反彈沒有突破前高壓力，維持在月線之下，月線下彎，表示空頭趨勢不變，可以繼續做空。

3. 空頭下跌跌破前低支撐，表示空頭沒有改變，下跌沒有跌破前低支撐上漲，表示空頭進入盤整。

4. 空頭反彈突破前高壓力，表示空頭趨勢改變，再下跌沒有跌破前低支撐，是空單逃命波的回補點。

5. 空頭反彈突破月線壓力，表示空頭趨勢轉強，3 ～ 5 日內無法跌破月線，月線容易上揚，形成對股價的支撐。

支撐、壓力因趨勢、位置、成交量等因素，產生的支撐、壓力的力量有大小不同，因此上漲時可以評估上面壓力是否太大，突破的機率不高，或下跌時某個支撐力道很強，大概不易跌破，這樣可以做好操作的計畫，避免到時候手忙腳亂。不同的支撐與壓力的強弱判斷，在下一章詳述。

6-2

走勢圖中的支撐、
壓力位置

轉折波高點（頭）的支撐與壓力

一、高點（頭）的支撐

當股價上漲突破轉折高點（頭），顯示買進力量強而把股價拉抬上漲，在轉折高點（頭）買進的投資人均呈現獲利狀態，因此後續股價漲多回檔修正時，遇到轉折高點（頭）就有支撐力量。

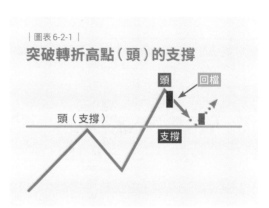

| 圖表 6-2-1 |
突破轉折高點（頭）的支撐

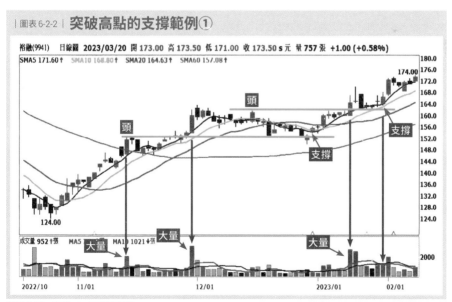

| 圖表 6-2-2 | **突破高點的支撐範例①**

資料來源：富邦 e01 及嘉實資訊

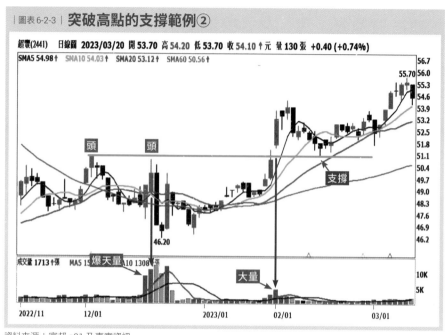

| 圖表 6-2-3 | **突破高點的支撐範例②**

資料來源：富邦 e01 及嘉實資訊

二、高點（頭）的壓力

當股價位在轉折高點（頭）的下方，高點（頭）對上漲股價有壓力作用，當股價上漲到此處時，要注意是否出現解套賣股票的壓力。

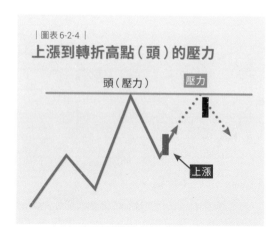

| 圖表 6-2-4 |
上漲到轉折高點（頭）的壓力

| 圖表 6-2-5 | **轉折高點（頭）的壓力範例①**

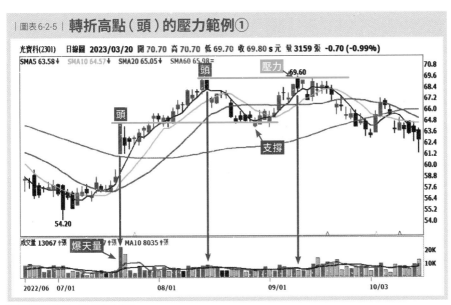

資料來源：富邦 e01 及嘉實資訊

| 圖表 6-2-6 | **轉折高點（頭）的壓力範例②**

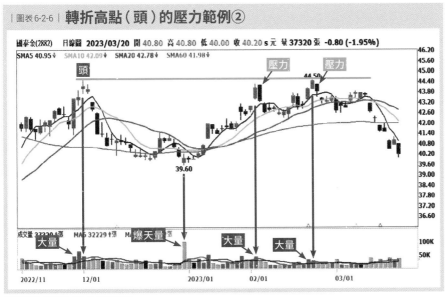

資料來源：富邦 e01 及嘉實資訊

活用技術分析寶典 下

飆股上校朱家泓 40 年實戰精華 從 K 線、均線到交易高手的養成祕笈

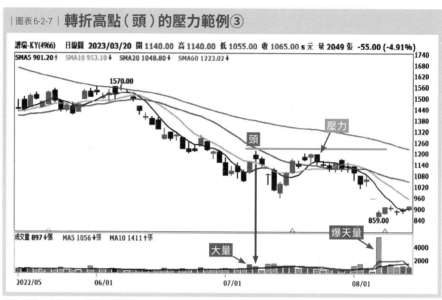

圖表 6-2-7 | 轉折高點（頭）的壓力範例③

資料來源：富邦 e01 及嘉實資訊

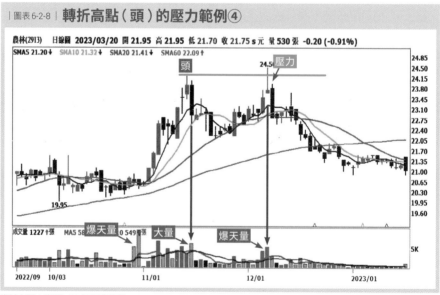

圖表 6-2-8 | 轉折高點（頭）的壓力範例④

資料來源：富邦 e01 及嘉實資訊

重點說明：

1. 支撐壓力不是絕對的，轉折高點（頭）是支撐也是壓力位置，當股價在轉折高點（頭）的下方，轉折高點（頭）是壓力；當股價突破轉折高點（頭）時，轉折高點（頭）變成是支撐。

2. 轉折高點（頭）是指轉折的最高點，為支撐、壓力的參考點，當股價接近時，當天交易多空力道的強弱，會出現不同的 K 線樣式，可以判斷該位置是否有支撐或壓力，一般次日的走勢方向可以確認有支撐或遇到壓力。

轉折波低點（底）的支撐與壓力

一、低點（底）的支撐

當股價下跌，下方轉折低點（底）對股價有支撐的作用，當股價下跌到此處時會遇到支撐。

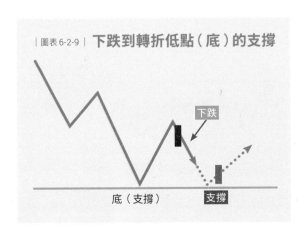

|圖表 6-2-9 | **下跌到轉折低點（底）的支撐**

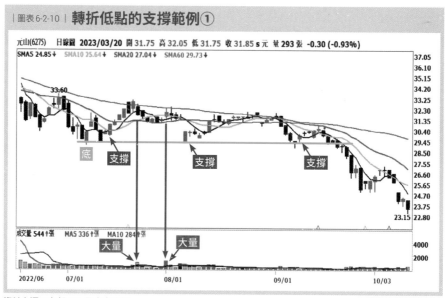

| 圖表 6-2-10 | 轉折低點的支撐範例①

資料來源：富邦 e01 及嘉實資訊

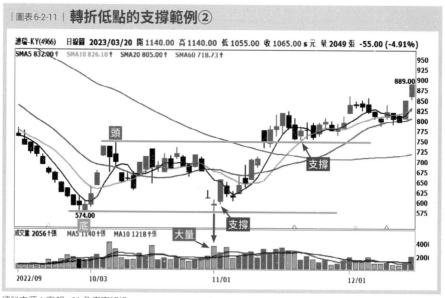

| 圖表 6-2-11 | 轉折低點的支撐範例②

資料來源：富邦 e01 及嘉實資訊

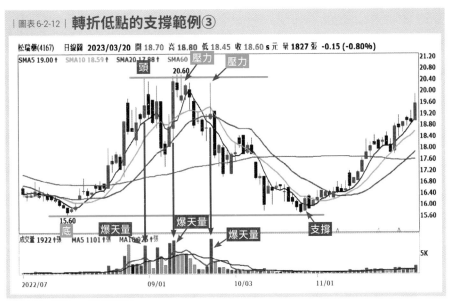

|圖表6-2-12| **轉折低點的支撐範例③**

資料來源：富邦 e01 及嘉實資訊

二、低點（底）的壓力

當股價位在轉折低點（底）的下方，股價上漲時，轉折低點（底）對股價有壓力作用，當股價上漲到此處時會遇到壓力。

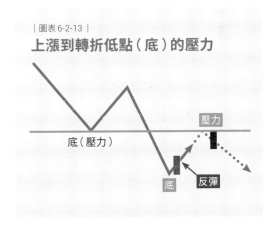

|圖表6-2-13|
上漲到轉折低點（底）的壓力

| 圖表 6-2-14 | 轉折低點（底）的壓力範例①

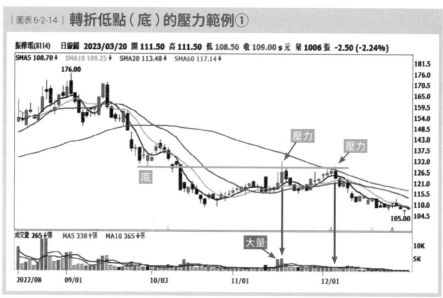

資料來源：富邦 e01 及嘉實資訊

| 圖表 6-2-15 | 轉折低點（底）的壓力範例②

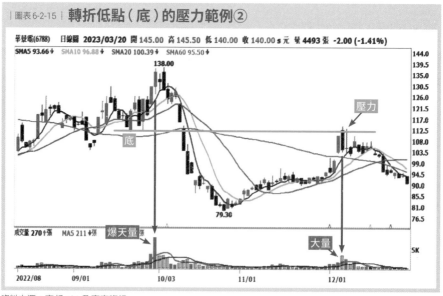

資料來源：富邦 e01 及嘉實資訊

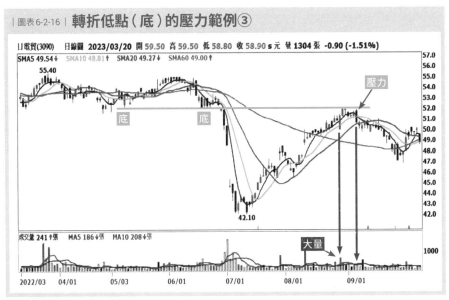

|圖表6-2-16| **轉折低點（底）的壓力範例③**

資料來源：富邦 e01 及嘉實資訊

密集盤整區的支撐與壓力

　　當趨勢進入盤整區，股價在盤整區來回震盪，當盤整結束，股價往上突破或往下跌破，先前的盤整區對日後的股價形成支撐或壓力。

一、盤整區的支撐

　　股價突破盤整區上漲，後續股價回檔到盤整區時，盤整區會產生支撐作用。從盤整區的高點到低點，整個盤整區都有支撐的力量。

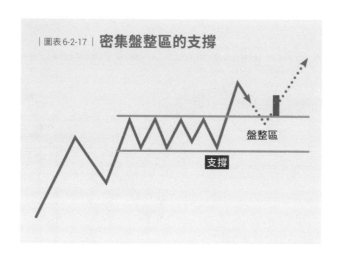

| 圖表 6-2-17 | 密集盤整區的支撐

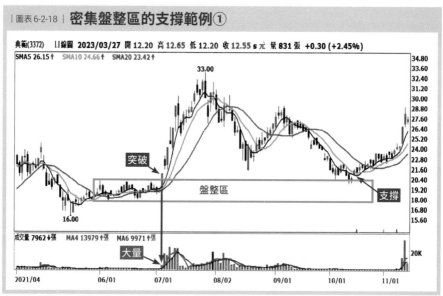

| 圖表 6-2-18 | 密集盤整區的支撐範例①

資料來源：富邦 e01 及嘉實資訊

| 圖表6-2-19 | **密集盤整區的支撐範例②**

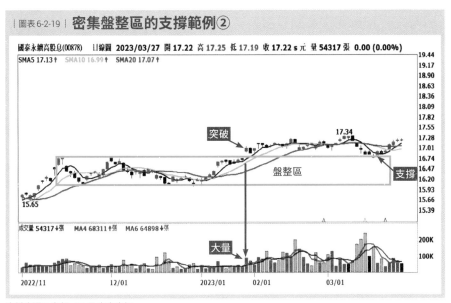

資料來源：富邦 e01 及嘉實資訊

| 圖表6-2-20 | **密集盤整區的支撐範例③**

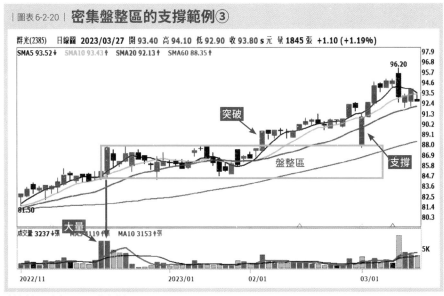

資料來源：富邦 e01 及嘉實資訊

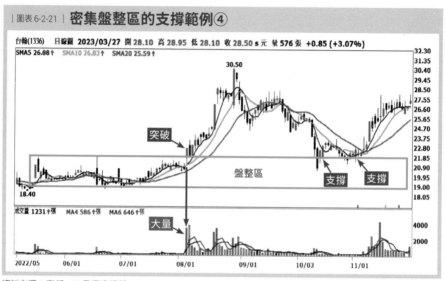

圖表 6-2-21 | **密集盤整區的支撐範例④**

資料來源：富邦 e01 及嘉實資訊

二、盤整區的壓力

　　股價跌破盤整區下跌，後續股價反彈到盤整區時，盤整區會產生壓力作用。從盤整區的低點到高點，整個盤整區都有壓力的力量。

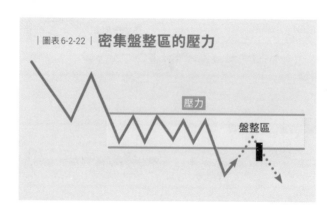

圖表 6-2-22 | **密集盤整區的壓力**

| 圖表 6-2-23 | **密集盤整區的壓力範例①**

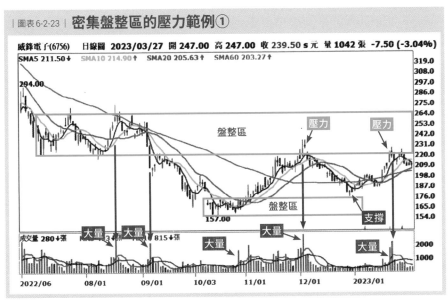

資料來源：富邦 e01 及嘉實資訊

| 圖表 6-2-24 | **密集盤整區的壓力範例②**

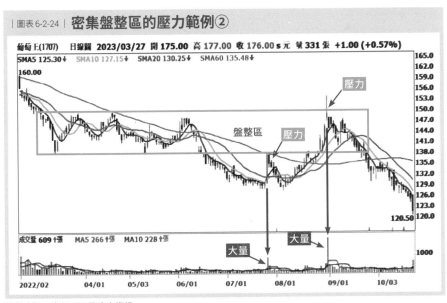

資料來源：富邦 e01 及嘉實資訊

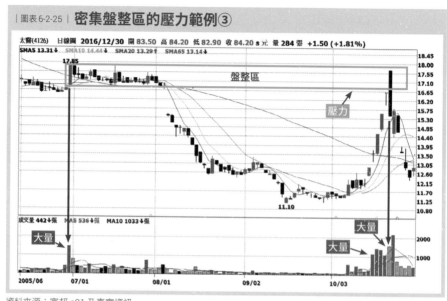

| 圖表 6-2-25 | **密集盤整區的壓力範例③**

資料來源：富邦 e01 及嘉實資訊

重點說明：

1. 盤整區盤整的時間越長、累積的成交量越多，日後支撐與壓力的力道也越強。

2. 盤整區的支撐與壓力包含整個盤整區，當上漲回檔到盤整區的上沿，支撐力道最強，跌進盤整區內都有支撐，當收盤跌破盤整區下沿，支撐就被完全跌破，此時盤整區成為壓力區。

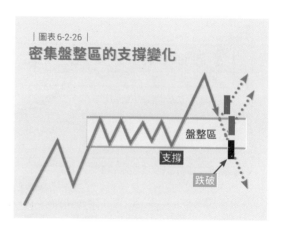

| 圖表 6-2-26 |
密集盤整區的支撐變化

3. 當下跌反彈到盤整區的下沿，壓力最強，進入盤整區內都有壓力，當收盤突破盤整區上沿，壓力就被完全突破，此時盤整區成為支撐區。

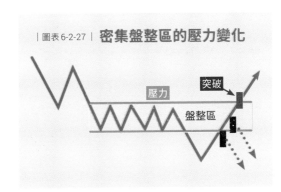

| 圖表 6-2-27 | 密集盤整區的壓力變化

盤整區上下頸線的支撐與壓力

在盤整區內，股價會在區間上下震盪。

1. 盤整區下頸線的支撐：盤整區的股價跌到下頸線，會有支撐的作用。

2. 盤整區上頸線的壓力：盤整區的股價漲到上頸線，會有壓力的作用。

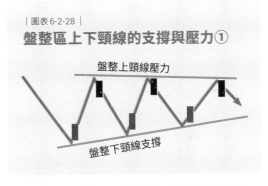

| 圖表 6-2-28 |
盤整區上下頸線的支撐與壓力①

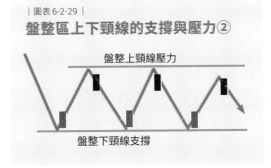

| 圖表 6-2-29 |
盤整區上下頸線的支撐與壓力②

圖表 6-2-30 | **盤整區上下頸線的支撐與壓力範例①**

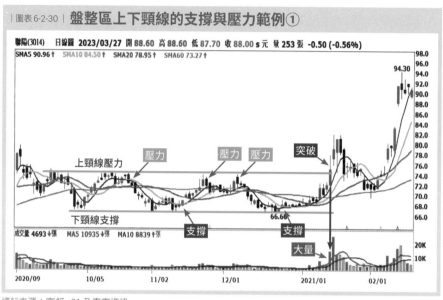

資料來源：富邦 e01 及嘉實資訊

圖表 6-2-31 | **盤整區上下頸線的支撐與壓力範例②**

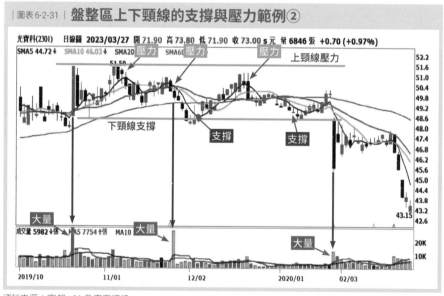

資料來源：富邦 e01 及嘉實資訊

空頭壓力與多頭支撐的區間變化（一）

空轉多突破空頭高點壓力，後勢容易大漲。

1. 當趨勢向下跌破盤整，空頭確認，上面頭部的2個高點經常出現大量，形成套牢的壓力力量。

2. 空頭下跌一波段，打底反轉成多頭確認，打底時的大量形成進貨的支撐力量。

3. 這時股價向上有盤頭的壓力，向下有打底的支撐。

4. 股價向上突破頭部壓力，股價容易大漲一波，是把握做多的好機會。

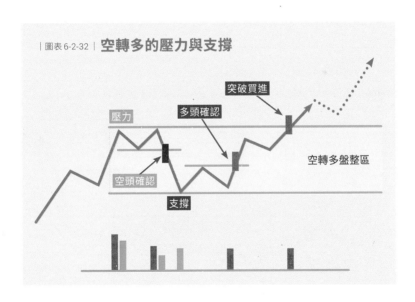

| 圖表 6-2-32 | **空轉多的壓力與支撐**

| 圖表 6-2-33 | 空轉多的做多時機範例①

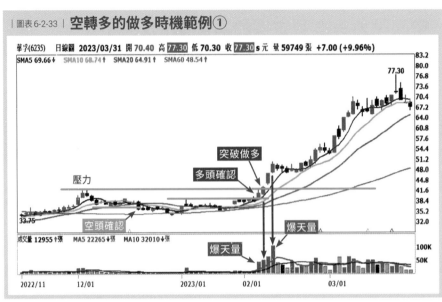

資料來源：富邦 e01 及嘉實資訊

| 圖表 6-2-34 | 空轉多的做多時機範例②

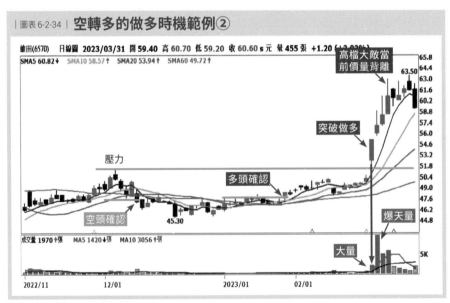

資料來源：富邦 e01 及嘉實資訊

| 圖表 6-2-35 | **空轉多的做多時機範例③**

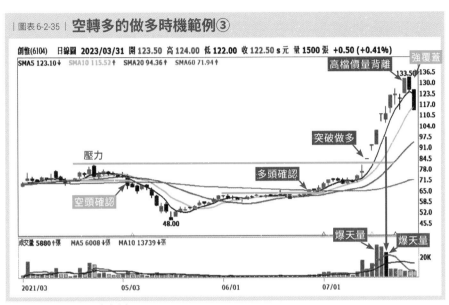

資料來源：富邦 e01 及嘉實資訊

| 圖表 6-2-36 | **空轉多的做多時機範例④**

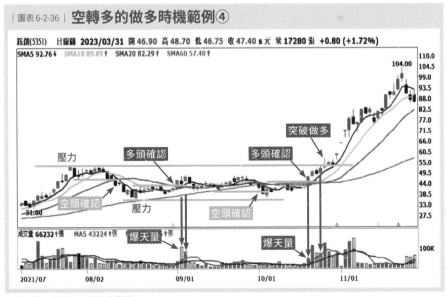

資料來源：富邦 e01 及嘉實資訊

空頭壓力與多頭支撐的區間變化（二）

多轉空跌破多頭低點支撐，後勢容易大跌。

1. 當趨勢向上突破盤整，多頭確認，下面底部的 2 個低點經常出現大量，形成進貨的支撐力量。

2. 多頭上漲一波段，又盤整反轉成空頭確認，盤頭時的大量形成套牢的壓力力量。

3. 這時股價向下有打底的支撐，向上有盤頭的壓力。

4. 股價向下跌破底部支撐，股價容易大跌一波，是把握做空的好機會。

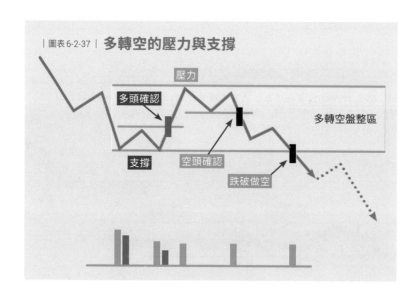

| 圖表 6-2-37 | 多轉空的壓力與支撐

|圖表 6-2-38| **多轉空的做空時機範例①**

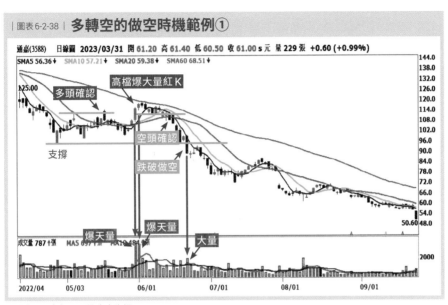

資料來源：富邦 e01 及嘉實資訊

|圖表 6-2-39| **多轉空的做空時機範例②**

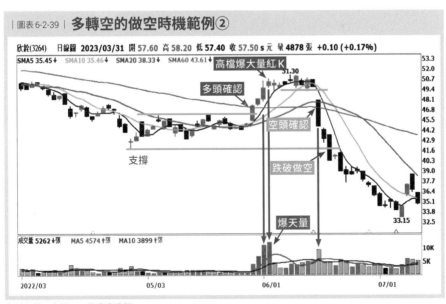

資料來源：富邦 e01 及嘉實資訊

| 圖表 6-2-40 | **多轉空的做空時機範例③**

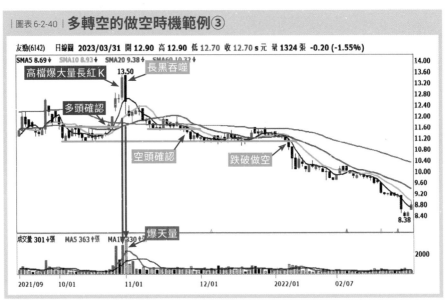

資料來源：富邦 e01 及嘉實資訊

| 圖表 6-2-41 | **多轉空的做空時機範例④**

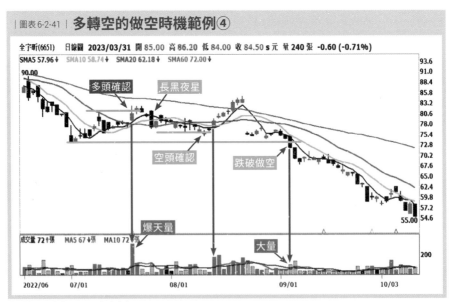

資料來源：富邦 e01 及嘉實資訊

上升切線的支撐與壓力

一、上升切線有支撐作用

1. 股價在上升切線上面，上升切線有支撐功能，因此新的上升切線產生的延長線，為後面走勢回檔提供支撐的參考點。

2. 上升切線的支撐力道呈現遞減，第1次回檔觸及支撐最強，第2次回檔觸及支撐成功率約一半，後面再回檔觸及容易被跌破。

二、上升切線被跌破變壓力

上升切線的支撐被跌破，股價在切線之下，後續股價上漲到切線時成壓力。

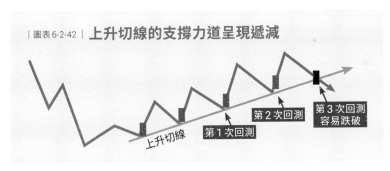

| 圖表 6-2-42 | **上升切線的支撐力道呈現遞減**

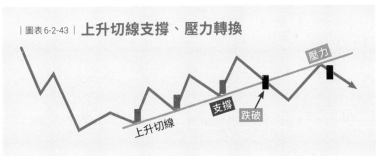

| 圖表 6-2-43 | **上升切線支撐、壓力轉換**

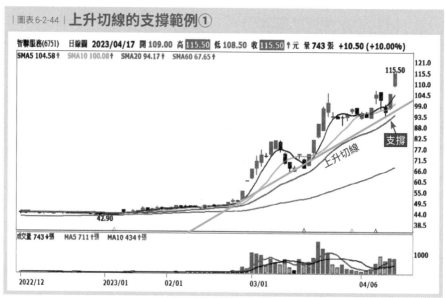

圖表 6-2-44 | **上升切線的支撐範例①**

資料來源：富邦 e01 及嘉實資訊

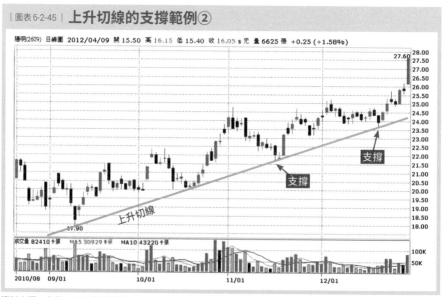

圖表 6-2-45 | **上升切線的支撐範例②**

資料來源：富邦 e01 及嘉實資訊

|圖表 6-2-46| **上升切線的支撐範例③**

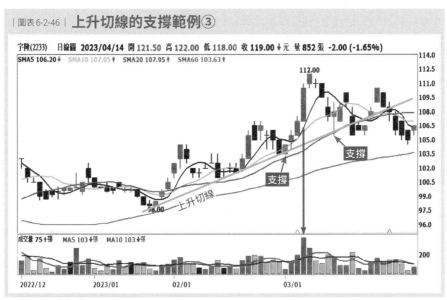

資料來源：富邦 e01 及嘉實資訊

|圖表 6-2-47| **上升切線支撐、壓力轉換範例①**

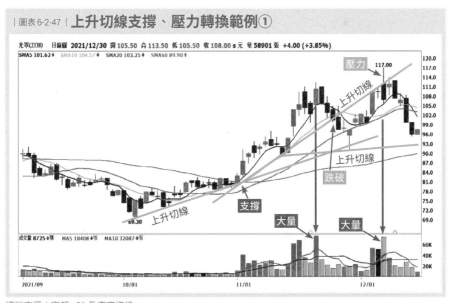

資料來源：富邦 e01 及嘉實資訊

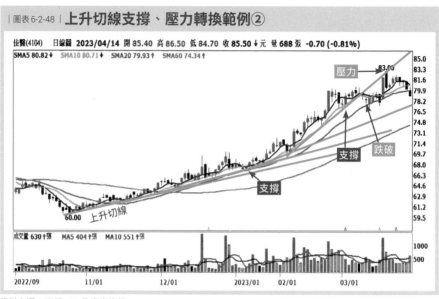

| 圖表 6-2-48 | **上升切線支撐、壓力轉換範例②**

資料來源：富邦 e01 及嘉實資訊

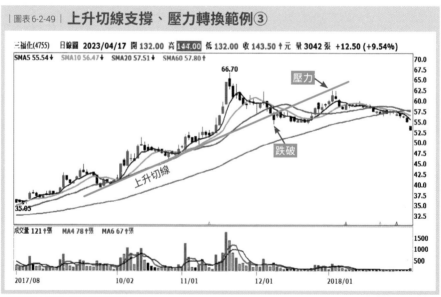

| 圖表 6-2-49 | **上升切線支撐、壓力轉換範例③**

資料來源：富邦 e01 及嘉實資訊

下降切線的壓力與支撐

一、下降切線有壓力作用

1. 下降切線有壓力功能，因此新的下降切線產生的延長線，為後面走勢反彈提供壓力的參考點。

2. 下降切線的壓力力道呈現遞減，第 1 次反彈觸及壓力最強，第 2 次反彈觸及壓力成功率約一半，後面再反彈觸及容易被突破。

二、下降切線被突破變支撐

下降切線的壓力被突破，股價在切線之上，當股價下跌到下降切線為支撐。

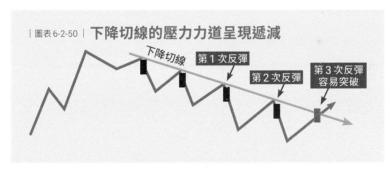

| 圖表 6-2-50 | **下降切線的壓力力道呈現遞減**

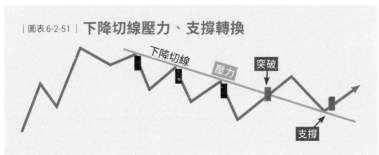

| 圖表 6-2-51 | **下降切線壓力、支撐轉換**

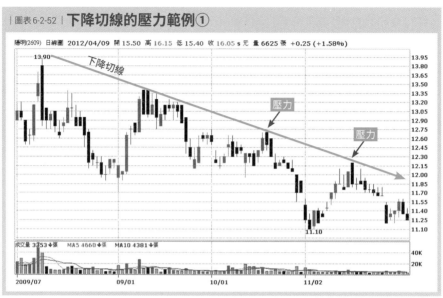

|圖表 6-2-52| **下降切線的壓力範例①**

資料來源：富邦 e01 及嘉實資訊

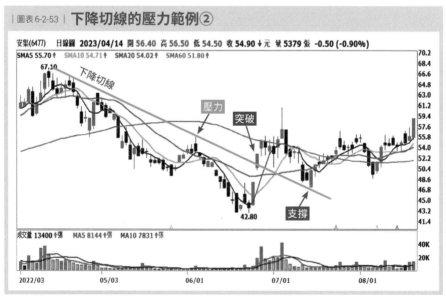

|圖表 6-2-53| **下降切線的壓力範例②**

資料來源：富邦 e01 及嘉實資訊

| 圖表 6-2-54 | **下降切線壓力、支撐轉換範例①**

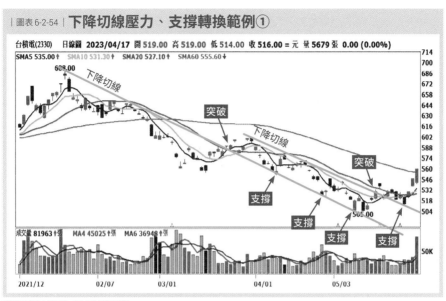

資料來源：富邦 e01 及嘉實資訊

| 圖表 6-2-55 | **下降切線壓力、支撐轉換範例②**

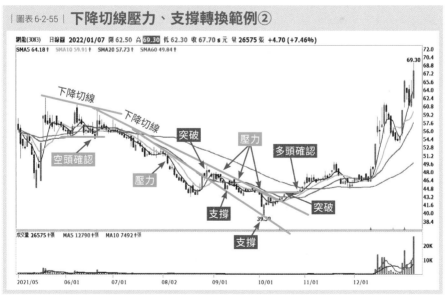

資料來源：富邦 e01 及嘉實資訊

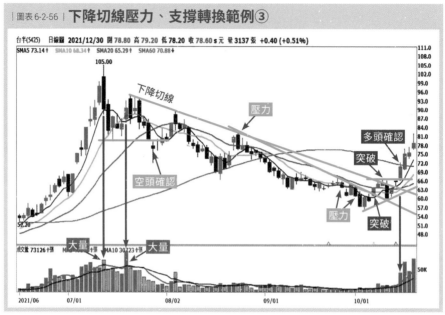

| 圖表 6-2-56 | 下降切線壓力、支撐轉換範例③

資料來源：富邦 e01 及嘉實資訊

移動平均線的支撐與壓力

一、移動平均線有支撐作用

1. 股價在均線上面且均線上揚，均線向上產生上漲的慣性；股價跌到均線時，均線會有支撐作用。

2. 越長週期的均線支撐力道越強，例如 60 日均線支撐力道大於 20 日均線，20 日均線支撐力道大於 10 日均線，10 日均線支撐力道大於 5 日均線，因此多頭股價回檔時容易跌破 5 日均線，當回檔到 20 日均線或 60 日均線就經常出現支撐。

3. 同一週期的均線，向上角度越大支撐力道越強，例如20日均線，向上45度上揚比向上30度上揚支撐力道強（圖表6-2-57）。

4. 既然長週期或上揚角度大的均線支撐力道強，就不容易跌破，換句話說，支撐力道強的均線萬一被跌破，就表示向下空方的力道更強，股價容易快速下跌或改變趨勢。日線操作時，注意多頭上漲的股票，回檔股價跌破月線支撐（MA20），表示多方力道變弱（圖表6-2-58）。

5. 跌破月線支撐，股價3日內再站上月線，且月線仍然維持上揚，月線仍有支撐力道，多頭趨勢仍然可做多（圖表6-2-59）。

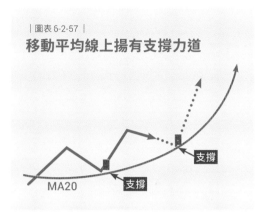

| 圖表 6-2-57 |

移動平均線上揚有支撐力道

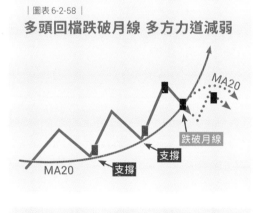

| 圖表 6-2-58 |

多頭回檔跌破月線 多方力道減弱

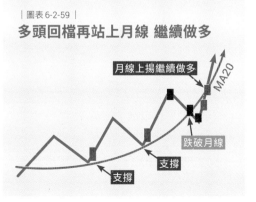

| 圖表 6-2-59 |

多頭回檔再站上月線 繼續做多

| 圖表 6-2-60 | **移動平均線上揚的支撐範例①**

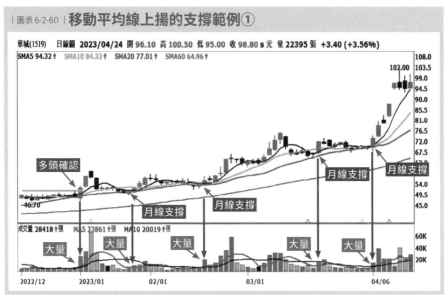

資料來源：富邦 e01 及嘉實資訊

| 圖表 6-2-61 | **移動平均線上揚的支撐範例②**

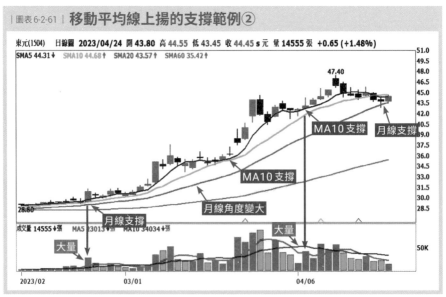

資料來源：富邦 e01 及嘉實資訊

| 圖表 6-2-62 | 跌破月線再站回繼續做多

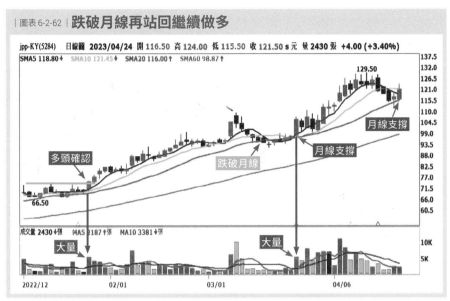

資料來源：富邦 e01 及嘉實資訊

| 圖表 6-2-63 | 跌破月線趨勢反轉範例①

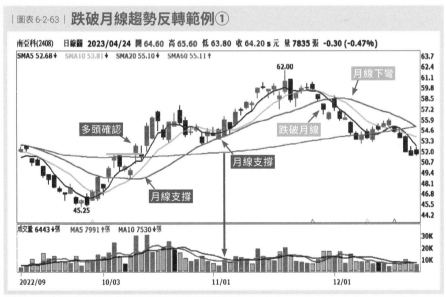

資料來源：富邦 e01 及嘉實資訊

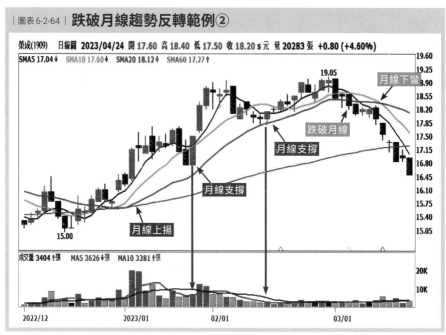

| 圖表 6-2-64 | 跌破月線趨勢反轉範例②

資料來源：富邦 e01 及嘉實資訊

二、移動平均線有壓力作用

1. 股價在均線下面且均線下彎，均線向下產生下跌的慣性，股價漲到均線時，均線會有壓力作用。

2. 越長週期的均線壓力力道越強，例如 60 日均線壓力力道大於 20 日均線，20 日均線壓力力道大於 10 日均線，10 日均線壓力力道大於 5 日均線，因此空頭股價反彈時容易突破 5 日均線，當反彈到 20 日均線或 60 日均線就經常出現壓力。

3. 同一週期的均線，向下角度越大壓力力道越強，例如20日均線，向下45度下彎比向下30度下彎壓力力道強（圖表6-2-65）。

4. 既然長週期或下彎角度大的均線壓力力道強，就不容易突破，換句話說，壓力力道強的均線萬一被突破，就表示向上多方的力道更強，股價容易快速上漲或改變趨勢，日線操作時，注意空頭下跌的股票，反彈時股價突破月線壓力（MA20），表示空方力道變弱（圖表6-2-66）。

5. 突破月線壓力，股價3日內再跌破月線，且月線仍然維持下彎，月線仍然有壓力力道，空頭趨勢仍可做空（圖表6-2-67）。

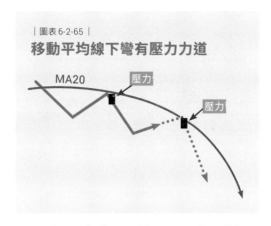

| 圖表 6-2-65 |
移動平均線下彎有壓力力道

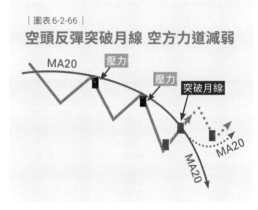

| 圖表 6-2-66 |
空頭反彈突破月線 空方力道減弱

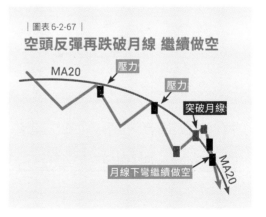

| 圖表 6-2-67 |
空頭反彈再跌破月線 繼續做空

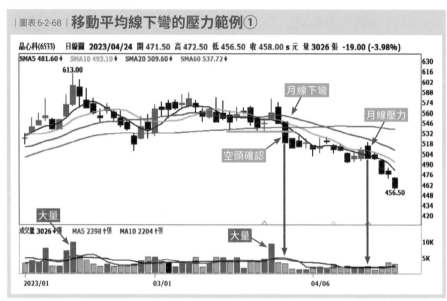

圖表 6-2-68 | **移動平均線下彎的壓力範例①**

資料來源：富邦 e01 及嘉實資訊

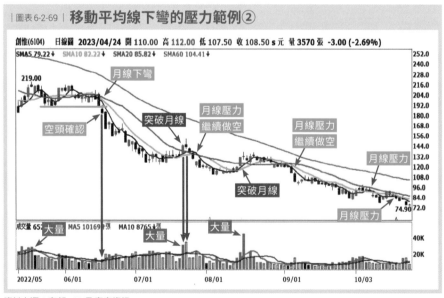

圖表 6-2-69 | **移動平均線下彎的壓力範例②**

資料來源：富邦 e01 及嘉實資訊

|圖表 6-2-70| **突破月線趨勢反轉範例①**

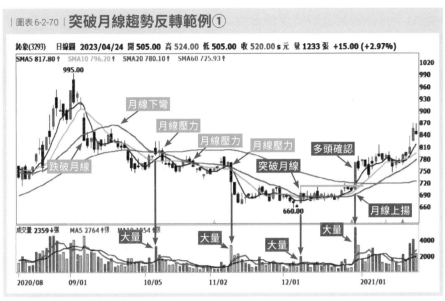

資料來源：富邦 e01 及嘉實資訊

|圖表 6-2-71| **突破月線趨勢反轉範例②**

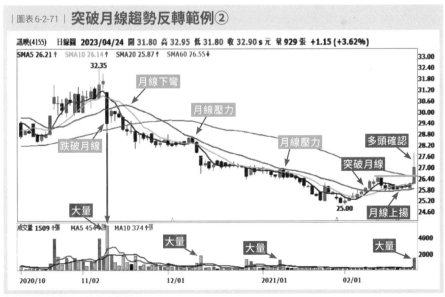

資料來源：富邦 e01 及嘉實資訊

活用技術分析寶典下

飆股上校朱家泓 40 年實戰精華 從 K 線、均線到交易高手的養成祕笈

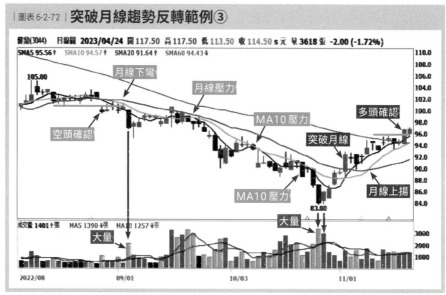

| 圖表 6-2-72 | 突破月線趨勢反轉範例③

資料來源：富邦 e01 及嘉實資訊

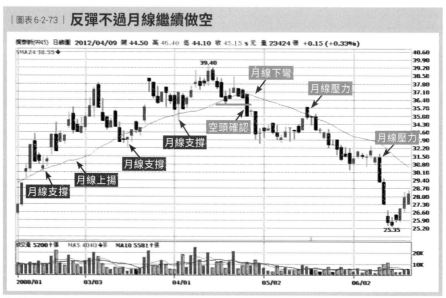

| 圖表 6-2-73 | 反彈不過月線繼續做空

資料來源：富邦 e01 及嘉實資訊

068

▌K線跳空缺口的支撐與壓力

一、向上跳空缺口有支撐作用

1. 向上的跳空缺口，股價上漲，當股價回跌到缺口的區域，缺口會有支撐作用。

2. 向上跳空缺口，缺口越大支撐力道越強，同時向上跳空缺口的成交量越大支撐力道越強。

3. 跳空缺口的支撐是整個缺口，當缺口被跌破後回補，後續反彈上來，該缺口也沒有壓力作用。

4. 向上跳空缺口被跌破，空方力道轉強。

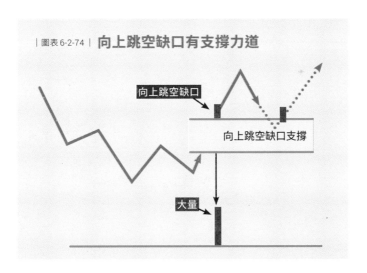

|圖表 6-2-74| **向上跳空缺口有支撐力道**

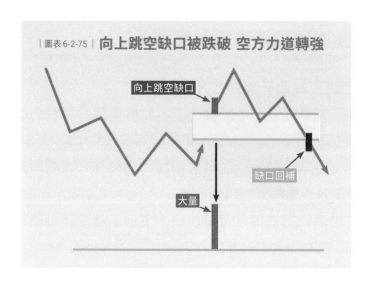

│圖表 6-2-75 │ **向上跳空缺口被跌破 空方力道轉強**

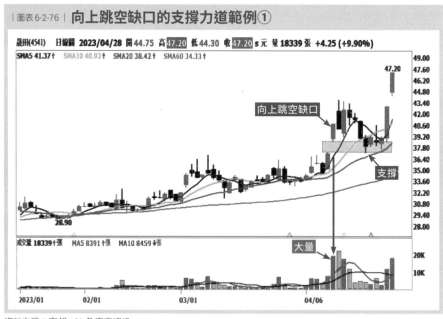

│圖表 6-2-76 │ **向上跳空缺口的支撐力道範例①**

資料來源：富邦 e01 及嘉實資訊

圖表6-2-77 │ **向上跳空缺口的支撐力道範例②**

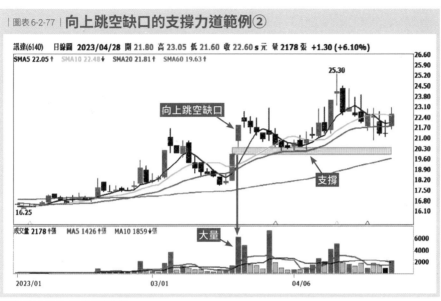

資料來源：富邦 e01 及嘉實資訊

圖表6-2-78 │ **向上跳空缺口的支撐力道範例③**

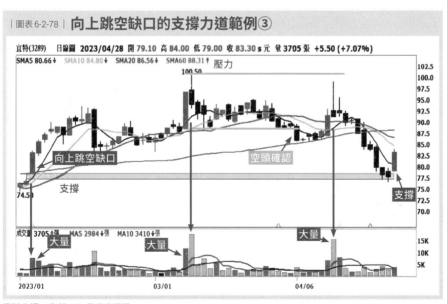

資料來源：富邦 e01 及嘉實資訊

| 圖表 6-2-79 | 向上跳空缺口的支撐力道範例④

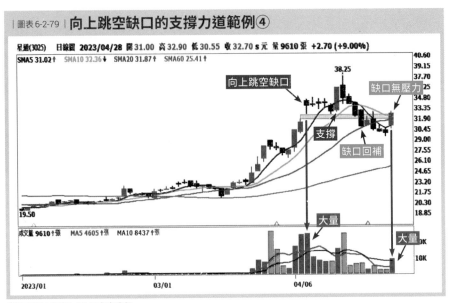

資料來源：富邦 e01 及嘉實資訊

| 圖表 6-2-80 | 向上跳空缺口的支撐力道範例⑤

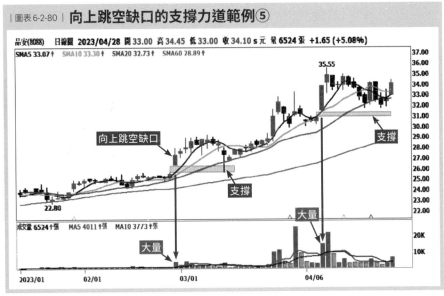

資料來源：富邦 e01 及嘉實資訊

二、向下跳空缺口有壓力作用

1. 向下的跳空缺口，股價下跌，當股價反彈到缺口的區域，缺口會有壓力作用。

2. 向下跳空缺口，缺口越大壓力力道越強，向下跳空缺口的成交量越大壓力力道越強。

3. 跳空缺口的壓力是整個缺口，當缺口被突破後回補，即使後續回檔下來，該缺口也沒有支撐作用。

4. 向下跳空缺口被突破，多方力道轉強。

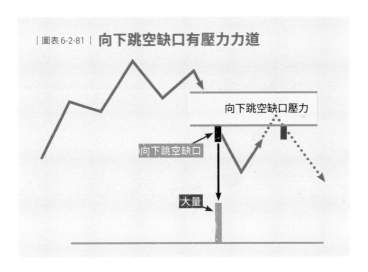

| 圖表 6-2-81 | 向下跳空缺口有壓力力道

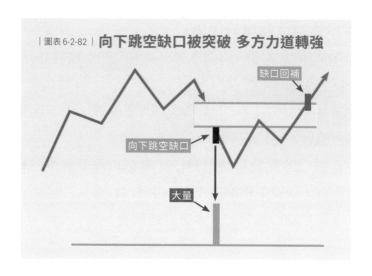

| 圖表6-2-82 | **向下跳空缺口被突破 多方力道轉強**

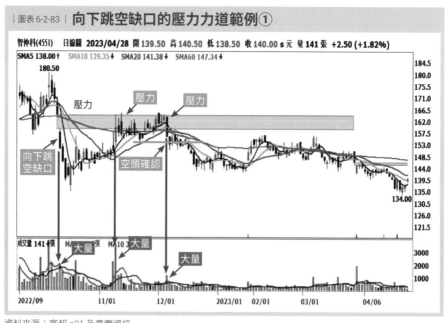

| 圖表6-2-83 | **向下跳空缺口的壓力力道範例①**

資料來源：富邦 e01 及嘉實資訊

|圖表 6-2-84| **向下跳空缺口的壓力力道範例②**

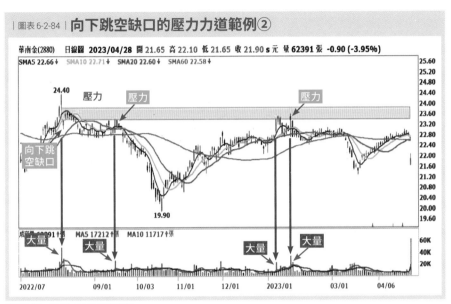

資料來源：富邦 e01 及嘉實資訊

|圖表 6-2-85| **向下跳空缺口的壓力力道範例③**

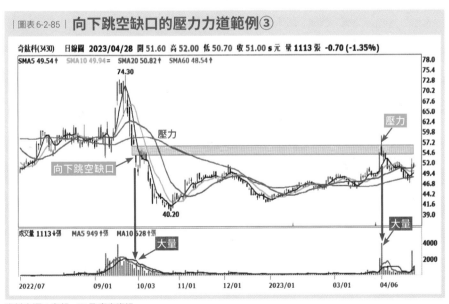

資料來源：富邦 e01 及嘉實資訊

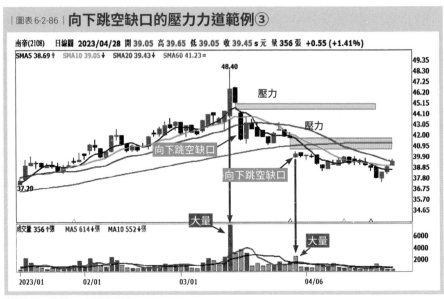

資料來源：富邦 e01 及嘉實資訊

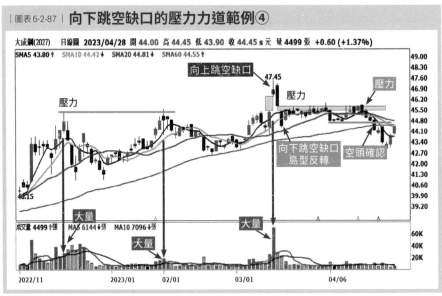

資料來源：富邦 e01 及嘉實資訊

大量關鍵紅黑K線的支撐與壓力

一、向上大量中長紅K有支撐作用

1. 出現向上的大量中長紅K，股價上漲，當股價回跌到此大量中長紅K會有支撐作用。

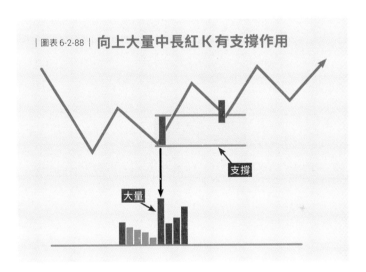

| 圖表6-2-88 | 向上大量中長紅K有支撐作用

2. 大量中長紅K的最高點支撐力道最強，二分之一位置是大量中長紅K的平均成本支撐，跌破二分之一價表示下跌力道轉強，大量中長紅K的最低點被跌破，多空力道反轉，空方力道轉強，如果該大量中長紅K是進場買進位置，要執行停損賣出多單。

3. 大量中長紅K的最低點被跌破，股價日後反彈上漲，該大量中長紅K變成壓力。

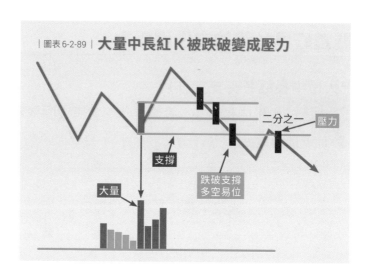

圖表 6-2-89 | **大量中長紅 K 被跌破變成壓力**

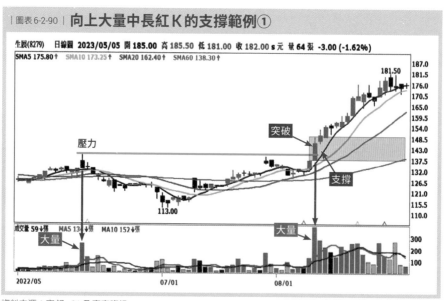

圖表 6-2-90 | **向上大量中長紅 K 的支撐範例①**

資料來源：富邦 e01 及嘉實資訊

| 圖表 6-2-91 | **向上大量中長紅 K 的支撐範例②**

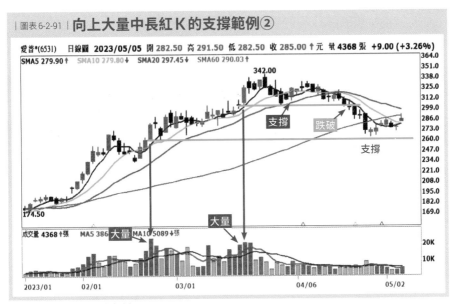

資料來源：富邦 e01 及嘉實資訊

| 圖表 6-2-92 | **大量中長紅 K 的支撐與壓力轉換範例①**

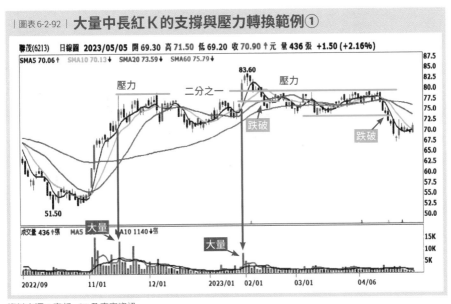

資料來源：富邦 e01 及嘉實資訊

| 圖表 6-2-93 | **大量中長紅 K 的支撐與壓力轉換範例②**

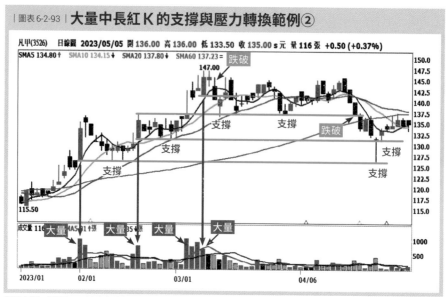

資料來源：富邦 e01 及嘉實資訊

| 圖表 6-2-94 | **大量中長紅 K 的支撐與壓力轉換範例③**

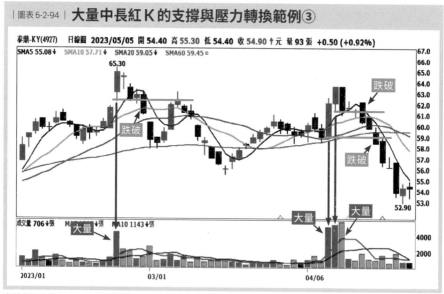

資料來源：富邦 e01 及嘉實資訊

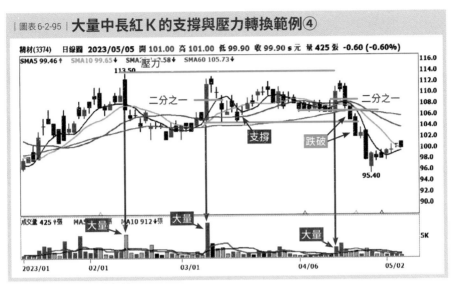

| 圖表 6-2-95 | **大量中長紅 K 的支撐與壓力轉換範例④**

資料來源：富邦 e01 及嘉實資訊

二、向下大量中長黑 K 有壓力作用

1. 出現向下的大量中長黑 K，股價下跌，當股價反彈到此大量中長黑 K 會有壓力作用。

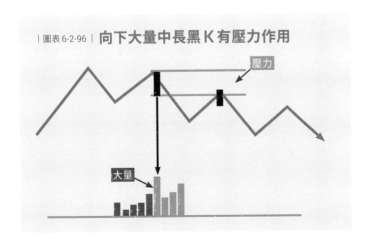

| 圖表 6-2-96 | **向下大量中長黑 K 有壓力作用**

2. 大量中長黑 K 的最低點壓力力道最強，二分之一位置是大量中長黑 K 的平均成本壓力，突破二分之一價表示上漲力道轉強，大量中長黑 K 的最高點被突破，空多力道反轉，多方力道轉強，如果該大量中長黑 K 是進場做空位置，要執行停損回補空單。

3. 大量中長黑 K 的最高點被突破，股價日後下跌回檔，該大量中長黑 K 變成支撐。

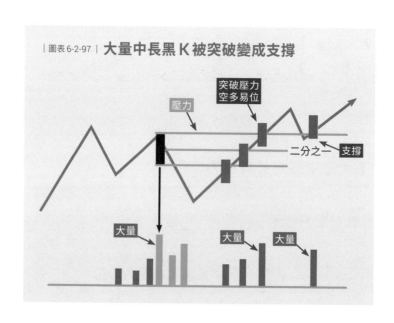

| 圖表 6-2-97 | 大量中長黑 K 被突破變成支撐

| 圖表 6-2-98 | **大量中長黑K的壓力範例①**

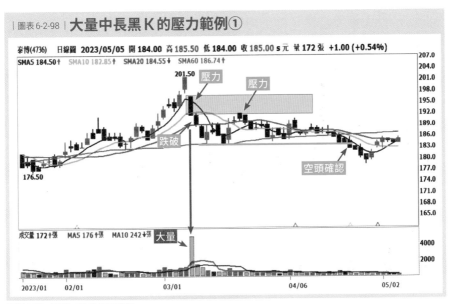

資料來源：富邦 e01 及嘉實資訊

| 圖表 6-2-99 | **大量中長黑K的壓力範例②**

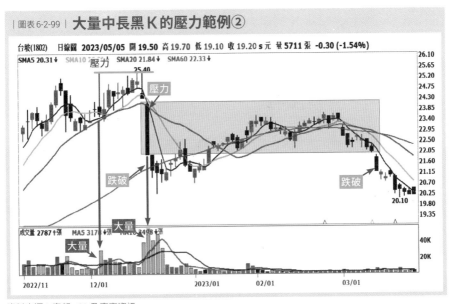

資料來源：富邦 e01 及嘉實資訊

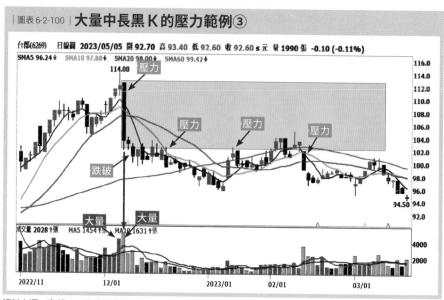

圖表 6-2-100 | **大量中長黑K的壓力範例③**

資料來源：富邦 e01 及嘉實資訊

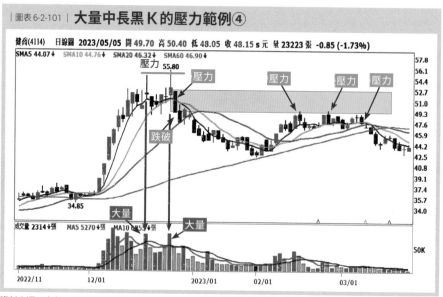

圖表 6-2-101 | **大量中長黑K的壓力範例④**

資料來源：富邦 e01 及嘉實資訊

| 圖表 6-2-102 | **大量中長黑K的支撐與壓力轉換**

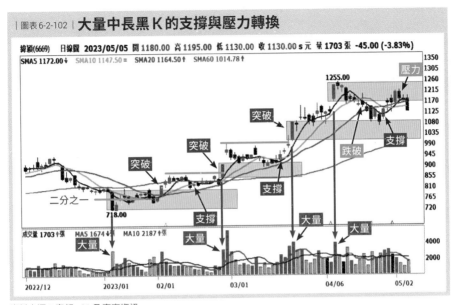

資料來源：富邦 e01 及嘉實資訊

6-3

走勢圖上看不見的
支撐與壓力

黃金分割率的支撐與壓力

　　黃金分割率（Golden Ratio）是一個數學常數，應用時一般取1.618的比例，這個比例呈現出最佳藝術美感及自然界存在的比例現象，在股票漲跌過程中往往能成為重要的支撐、壓力參考點。黃金分割率的基本公式是把1分割為0.618與0.382兩段，依據這樣比例可以算出0.236、0.382、0.5、0.618、0.809分割5個黃金點的價位，股價在上下轉折時可能在這些黃金點位上遇到支撐或壓力。

　　在應用上可以使用下單軟體中「分析工具」或「繪圖工具」中的「黃金分割率」功能，5個黃金點的價位不用自己算，就能看出上漲或下跌的波段支撐或壓力價位。

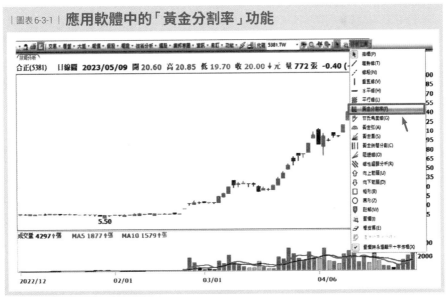

|圖表 6-3-1| **應用軟體中的「黃金分割率」功能**

資料來源：富邦 e01 及嘉實資訊

一、多頭回檔的黃金分割支撐

在系統中要怎麼畫出黃金分割率的多頭回檔支撐價位？以圖表 6-3-2 為例，說明如下。

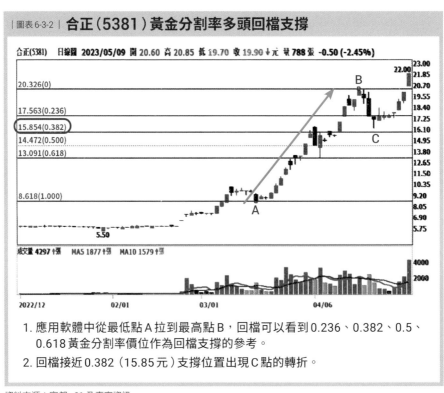

| 圖表 6-3-2 | **合正（5381）黃金分割率多頭回檔支撐**

1. 應用軟體中從最低點 A 拉到最高點 B，回檔可以看到 0.236、0.382、0.5、0.618 黃金分割率價位作為回檔支撐的參考。
2. 回檔接近 0.382（15.85 元）支撐位置出現 C 點的轉折。

資料來源：富邦 e01 及嘉實資訊

二、空頭反彈的黃金分割壓力

同樣的，在系統中也可以畫出黃金分割率的空頭反彈壓力價位，以圖表 6-3-3 為例，說明如下。

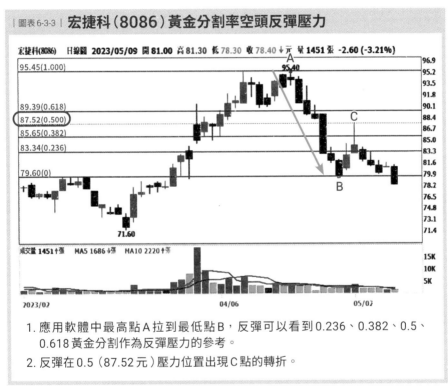

| 圖表 6-3-3 | 宏捷科（8086）黃金分割率空頭反彈壓力

1. 應用軟體中最高點 A 拉到最低點 B，反彈可以看到 0.236、0.382、0.5、0.618 黃金分割作為反彈壓力的參考。
2. 反彈在 0.5（87.52 元）壓力位置出現 C 點的轉折。

資料來源：富邦 e01 及嘉實資訊

型態目標價的支撐與壓力

　　型態目標價是行情進入盤整區，走勢呈現出不同的圖形，不同的型態結束後開始上漲或下跌，都有不同的目標價，型態完成後上漲到目標價為壓力位置，下跌到目標價為支撐位置。

一、型態完成後上漲目標價為壓力

　　型態突破確認之後，可以計算型態的上漲目標價，預估獲利空間及操作的目標，空頭底部反轉成功率高的 4 個型態如下。

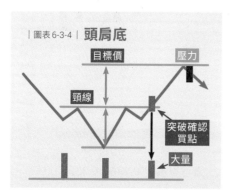

圖表 6-3-4　頭肩底

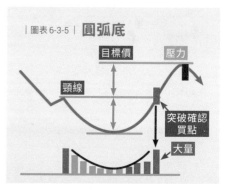

圖表 6-3-5　圓弧底

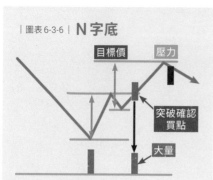

圖表 6-3-6　N 字底

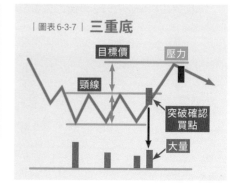

圖表 6-3-7　三重底

|圖表6-3-8| **型態完成上漲目標價的壓力範例①**

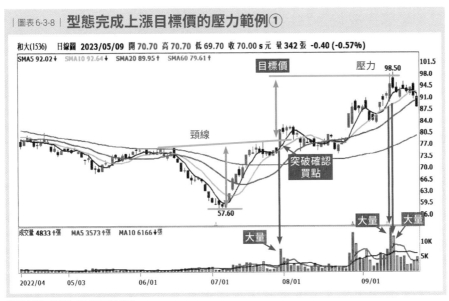

資料來源：富邦 e01 及嘉實資訊

|圖表6-3-9| **型態完成上漲目標價的壓力範例②**

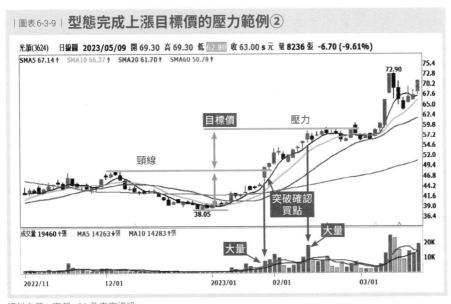

資料來源：富邦 e01 及嘉實資訊

二、型態完成後下跌目標價為支撐

型態跌破確認之後，可以計算型態的下跌目標價，預估獲利空間及操作的目標，多頭頭部反轉成功率高的 4 個型態如下。

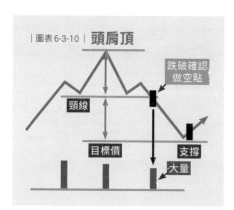

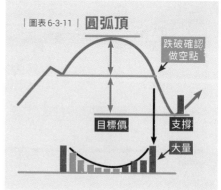

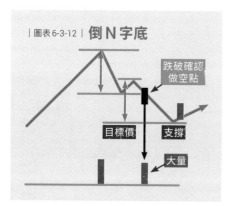

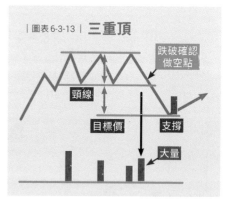

| 圖表 6-3-14 | **型態完成下跌目標價的支撐範例①**

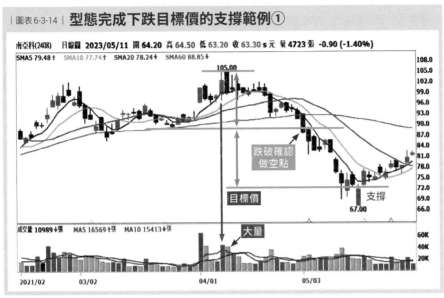

資料來源：富邦 e01 及嘉實資訊

| 圖表 6-3-15 | **型態完成下跌目標價的支撐範例②**

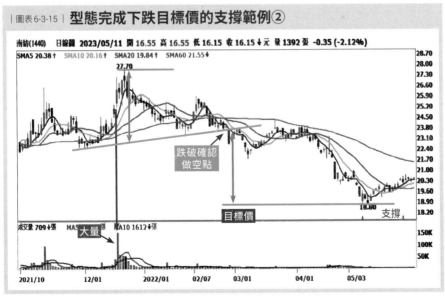

資料來源：富邦 e01 及嘉實資訊

▌整數心理的支撐與壓力

在交易行為中人們經常會迷失在一些數字上，稱之心理關卡，例如有錢的等級分為千萬富翁、億萬富豪，在商品標價時寫999元，就沒有4位數千元價位的感覺。在股市中也有整數關卡的心理因素存在，例如台積電的900元保衛戰，股市的「7千金」，大盤20,000點、22,000點的整數關卡，往往影響到交易人買賣心理，這些就統稱為整數心理的支撐與壓力。當股價到了整數心理的支撐與壓力，往往會出現震盪走勢。

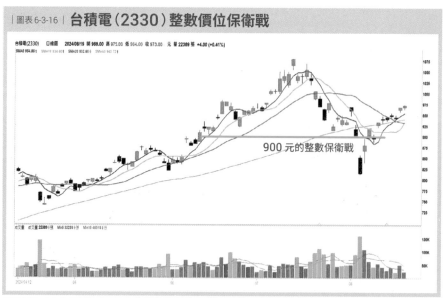

|圖表 6-3-16| **台積電（2330）整數價位保衛戰**

資料來源：XQ 全球贏家

| 圖表6-3-17 | **台股大盤指數的整數壓力關卡**

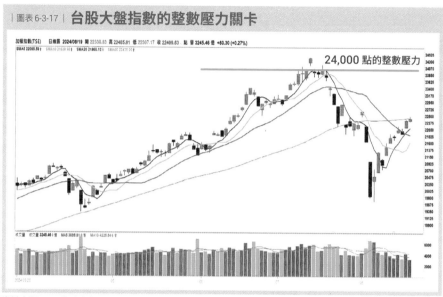

資料來源：XQ 全球贏家

Part 07
價量篇

掌握量價
洞悉主力籌碼

7-1

對成交量的新認識

成交量為當天或者一段時間內，投資人交易是否積極的指標，同時也是判斷行情是否走強或走弱的重要因素。股票市場的交易量是零合數字，今天的交易量是買進的數量，同時也是賣出的數量。因此，成交量本身，包含看多與看空等數量的買賣行為。

成交量與股價的漲跌

市場上有人認為，有量才會有價，因為許多買單買進，才會造成股價上漲。但是也有人認為，有價才會有量，因為看到股價上漲，大家追買，才出現大量。

實際上，無論多空或盤整趨勢，這2種情形都會發生。因此，價與量之間，並非絕對的因果關係，投資人要能夠精準研判成交量如何影響股價的未來走向。

實務上，必須結合趨勢方向（多頭、空頭還是盤整）、位置（起漲、起跌、行進中、突破、跌破、壓力下沿、支撐上沿）、股價漲跌（成交量增加或減少的當天或次日，股價上漲或下跌）、成交量的增減幅度一起研判，才不容易失誤。

股價才是市場重心

投入市場的投資人，基本上只有一個共同目的，就是賺錢。要賺錢，做多股價要上漲，做空股價要下跌，只有股價波動才能賺到價差，即使今天暴出大量，如果股價不漲，甚至下跌，做多的投資人是賺不到錢的。

|圖表 7-1-1 | **量價並非絕對因果關係**

多頭起漲紅 K，量增會上漲，量縮也會上漲。

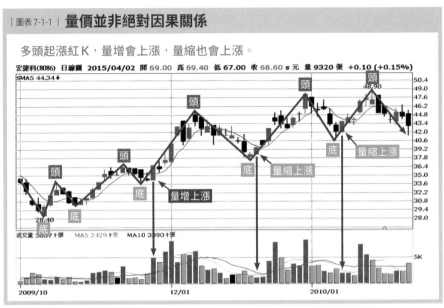

資料來源：富邦 e01 及嘉實資訊

|圖表 7-1-2 | **華星光（4979）多空走勢中各種價量關係**

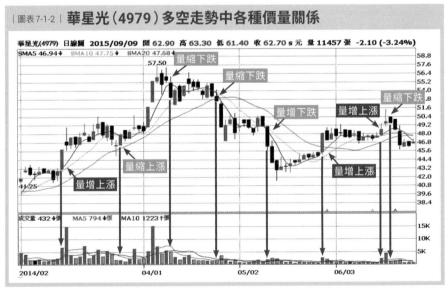

資料來源：富邦 e01 及嘉實資訊

　　因此股價漲跌才是趨勢的重心，主力大戶要拉抬「股價」才能賺錢，其他諸如創造成交量、放消息、講題材⋯⋯無非都是為了拉抬「股價」的手段。

　　例如主力大戶在底部進貨完成，為了拉抬股價，當天可以利用不同的帳戶，一個賣出，另一個買進，造成大量成交的現象，引誘多單進場，達到拉抬股價目的，突破底部盤整，完成多頭趨勢。

| 圖表7-1-3 | **股價漲跌是各種手段最終目的**

7-2

各種成交量的定義

技術分析的走勢反映市場各項因素的結果,因此千變萬化,核心表現在趨勢方向、支撐與壓力、成交量增減與股價的漲跌 4 項因素,任何位置出現的成交量,配合上述 4 項關係,就不難研判該量是否影響方向的變化。各種成交量的大致定義如下:

一、何謂基本量

　　基本成交量通常以 5 日平均量為參考,放大量或爆大量均與基本量比較。

二、何謂攻擊量

　　約為基本量的 1.2 ～ 1.3 倍,例如某檔股票 5 日均量是 1,000 張,今日成交量出現 1,200 ～ 1,300 張,股價上漲,該量為攻擊量(即一般所謂的放大量),經常發生在多頭起漲位置。

三、何謂爆大量

　　約為基本量的 2 倍以上,例如某檔股票 5 日均量是 1,000 張,今日成交量出現 2,000 張以上,出現在起漲位置該量為攻擊量,出現在多頭高檔或遇壓力位置容易是出貨量,要密切注意後面幾天股價是否下跌。

四、何謂止跌量

　　當股價下跌時,成交量急縮到 5 日均量的一半,同時後續股價不再破低,該量為止跌量。

五、何謂進貨量

出現攻擊量或爆大量，股價上漲，此大量是進貨量。

六、何謂換手量

當高檔出現大量 K 線，3 日內股價突破大量 K 線最高點，強勢多頭繼續上漲，被突破的大量稱為「換手量」。換手量經常出現在強勢股或飆股，換手成功後大多會再急速上漲一波。

七、何謂出貨量

出現攻擊量或爆大量時，股價呈現下跌或是趨勢反轉，該大量為出貨量。

八、何謂調節量

高檔出現大量 K 線，股價下跌修正後上漲突破大量 K 線，該 K 線大量為主力調節量（多頭上漲一波高檔，主力為了要洗盤，先把手中股票賣出一部分，造成大量股價下跌，股價修正後主力低檔再買進股票，造成攻擊量，讓股價繼續上漲突破上面大量賣出的 K 線高點，上面賣出的量，為調節量）。

九、何謂搶反彈量

空頭連續下跌到低檔，出現大量，後續股價不跌出現紅 K 上漲，突破前一日 K 線高點開始反彈，下方的大量為搶反彈量。

| 圖表 7-2-1 | **成交量的解讀範例①**

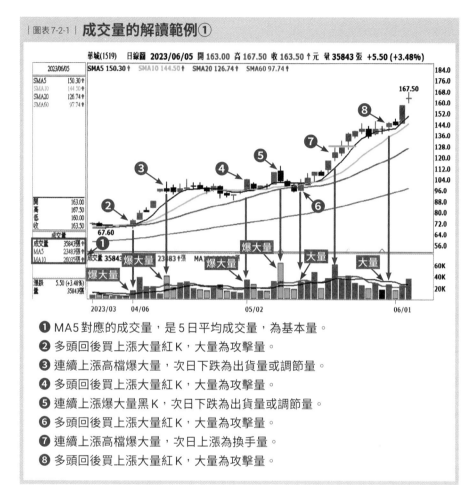

❶ MA5 對應的成交量，是 5 日平均成交量，為基本量。

❷ 多頭回後買上漲大量紅 K，大量為攻擊量。

❸ 連續上漲高檔爆大量，次日下跌為出貨量或調節量。

❹ 多頭回後買上漲大量紅 K，大量為攻擊量。

❺ 連續上漲爆大量黑 K，次日下跌為出貨量或調節量。

❻ 多頭回後買上漲大量紅 K，大量為攻擊量。

❼ 連續上漲高檔爆大量，次日上漲為換手量。

❽ 多頭回後買上漲大量紅 K，大量為攻擊量。

資料來源：富邦 e01 及嘉實資訊

| 圖表 7-2-2 | **成交量的解讀範例②**

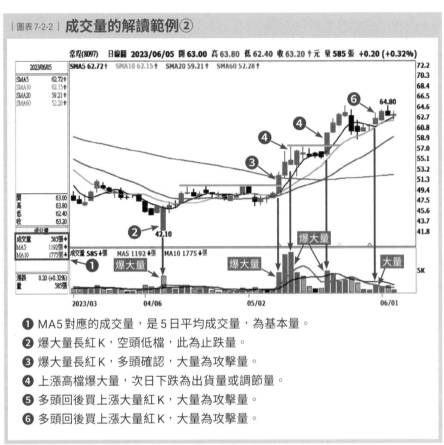

❶ MA5 對應的成交量，是 5 日平均成交量，為基本量。

❷ 爆大量長紅 K，空頭低檔，此為止跌量。

❸ 爆大量長紅 K，多頭確認，大量為攻擊量。

❹ 上漲高檔爆大量，次日下跌為出貨量或調節量。

❺ 多頭回後買上漲大量紅 K，大量為攻擊量。

❻ 多頭回後買上漲大量紅 K，大量為攻擊量。

資料來源：富邦 e01 及嘉實資訊

| 圖表 7-2-3 | **成交量的解讀範例③**

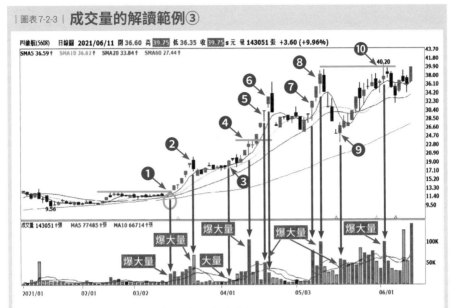

❶ 大量紅K上漲，多頭確認，大量為攻擊量。

❷ 多頭上漲高檔出現爆大量黑K下跌，為出貨量，回檔多頭再上漲過高也是調節量。

❸ 多頭回後買上漲大量紅K，大量為攻擊量。

❹ 連續上漲高檔爆大量，次日下跌為出貨量，次日上漲大量為換手量。

❺ 連續上漲高檔爆大量，次日下跌為出貨量，次日上漲大量為換手量。

❻ 連續上漲高檔爆大量，次日下跌為出貨量。

❼ 多頭回後買上漲爆大量紅K，大量為攻擊量。

❽ 連續上漲高檔爆大量，次日下跌為出貨量。

❾ 連續下跌，跌破月線、跌破前低，低檔出現爆大量紅K上漲，大量為搶反彈量。

❿ 連續反彈上漲到前高壓力，出現爆大量變盤線，次日下跌為出貨量。

資料來源：富邦 e01 及嘉實資訊

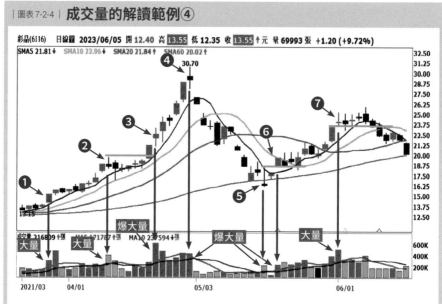

|圖表 7-2-4| **成交量的解讀範例④**

❶ 大量紅K上漲，多頭確認，大量為攻擊量。

❷ 多頭上漲高檔出現大量黑K下跌，多頭再上漲過高是換手量。

❸ 多頭上漲爆大量變盤線，後續上漲為換手量。

❹ 連續上漲高檔爆大量，次日下跌為出貨量。

❺ 連續下跌，跌破季線、跌破前低，低檔出現爆大量長上影線，後續股價不
　　跌，大量為搶反彈量。

❻ 爆大量跳空上漲突破 5 日均線，反彈確認的攻擊量。

❼ 連續上漲高檔爆大量，後續跌破低點為出貨量。

資料來源：富邦 e01 及嘉實資訊

學習筆記

7-3

不同趨勢位置的
量價關係

前面提過，技術分析的走勢為反映市場各項因素的結果而千變萬化，但其主軸為趨勢方向、支撐壓力、成交量增減、與股價漲跌 4 項，技術分析將上面 4 項關係綜合研判，就可以掌握股價未來的可能變化。

多頭上漲高檔爆量

多頭上漲 3 ～ 4 天之後出現爆大量（成交量大於前一日量 1 倍以上），當天出現的大量有可能是調節量、換手量或是出貨量，判定方法說明如下。

一、調節量

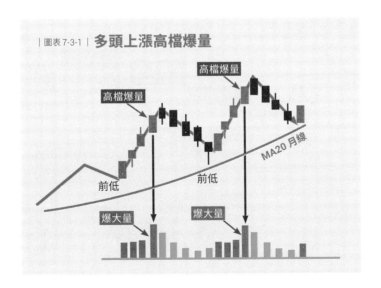

| 圖表 7-3-1 | **多頭上漲高檔爆量**

多頭趨勢還沒有走完，當上漲一小波段之後，短線獲利的賣壓出現，或者散戶追買造成籌碼凌亂，主力大戶有意要清洗籌碼而賣出部分持股，使得股價下跌，讓短線獲利及追高進場的散戶籌碼賣出。是否為調節量，可以觀察股價下跌後的價量關係及走勢變化：

　　1. 回檔價跌量急縮，賣壓不重。

　　2. 接近重要支撐（月均線、前低支撐、向上跳空缺口、大量上漲紅K），出現止跌K線訊號（變盤線、中長紅K）。

　　3. 沒有跌破趨勢前面一個低點、沒有跌破月均線，股價又開始往上上漲。

　　符合上面3個條件的高檔爆量即為「調節量」，調節量最容易出現在多頭趨勢的初升段與主升段上漲高檔。

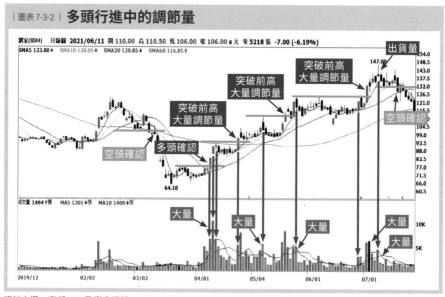

| 圖表 7-3-2 | **多頭行進中的調節量**

資料來源：富邦 e01 及嘉實資訊

二、換手量

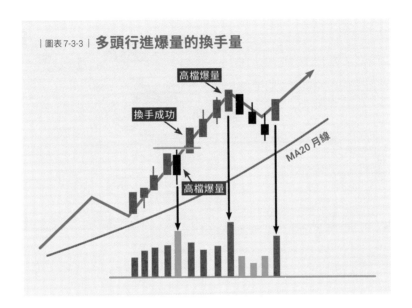

| 圖表 7-3-3 | **多頭行進爆量的換手量**

多頭趨勢還沒有走完，當上漲一小波段之後，短線獲利的賣壓出現，或者散戶追買造成籌碼凌亂，主力大戶有意要清洗籌碼而賣出部分持股，使得股價當天下跌，讓短線獲利及追高進場的散戶籌碼賣出。

當大量下跌後次日小跌或不跌，接著價突破大量下跌黑K最高點，強勢多頭繼續上漲，被突破的大量為「換手量」。換手量經常出現在強勢股或飆股，換手成功後大多會再急速上漲一波。

|圖表 7-3-4| **多頭行進中的換手量範例①**

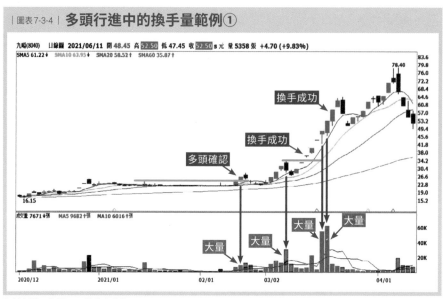

資料來源：富邦 e01 及嘉實資訊

|圖表 7-3-5| **多頭行進中的換手量範例②**

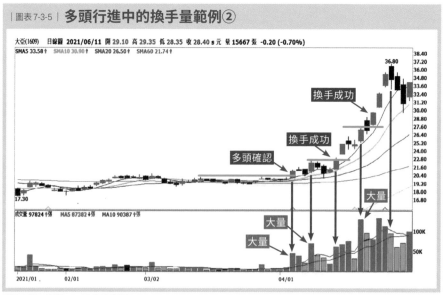

資料來源：富邦 e01 及嘉實資訊

三、出貨量

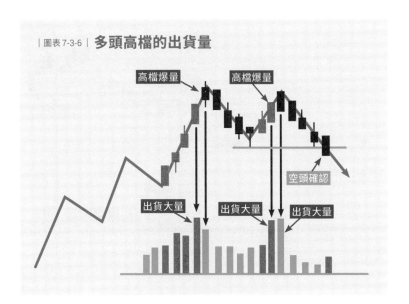

|圖表 7-3-6 | **多頭高檔的出貨量**

多頭趨勢即將結束，股價由底部上漲接近主力大戶的目標，主力開始視機出貨，當主力出貨完畢，趨勢反轉空頭，此時高檔盤頭的大量為「出貨量」。出貨量經常出現在多頭末升段的高檔盤整，當大量盤整被跌破，空頭趨勢確認。

連續急速上漲的飆股，高檔爆大量後隨即 1 日反轉快速下跌，該大量也是出貨量。

| 圖表 7-3-7 | **多頭高檔的出貨量範例①**

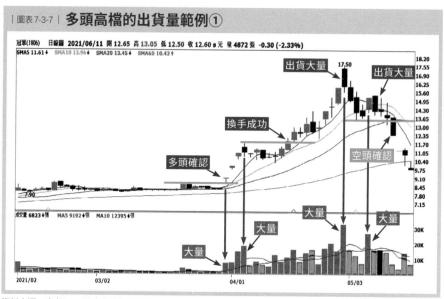

資料來源：富邦 e01 及嘉實資訊

| 圖表 7-3-8 | **多頭高檔的出貨量範例②**

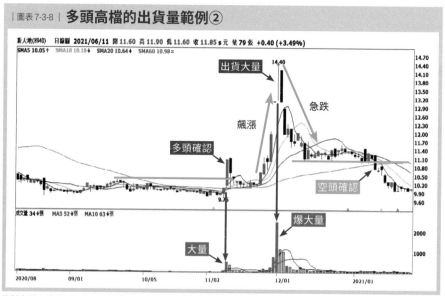

資料來源：富邦 e01 及嘉實資訊

多頭上漲量價背離

多頭連續上漲中,價漲量增為多頭正常量價配合,如果出現下面3種情形有可能走勢要出現變化,要做好股價下跌時的準備,例如是否要停利出場或減碼,3種情形分別說明如下。

一、價漲量縮

股價持續創高,成交量縮小,稱為量價背離,反映交易人可能心理:

1. 價漲量縮後續卻出現量增上漲,要惜售。

2. 高檔價漲量縮,後續追價買盤力道變弱,出現價量背離,當股價出現黑K下跌表示漲多要回檔。

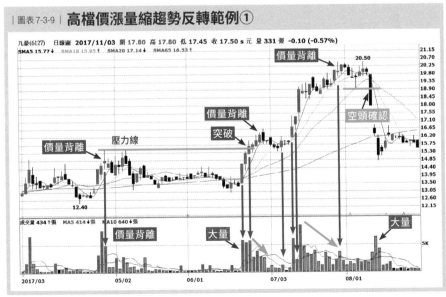

| 圖表 7-3-9 | 高檔價漲量縮趨勢反轉範例①

資料來源:富邦 e01 及嘉實資訊

117

| 圖表 7-3-10 | **高檔價漲量縮趨勢反轉範例②**

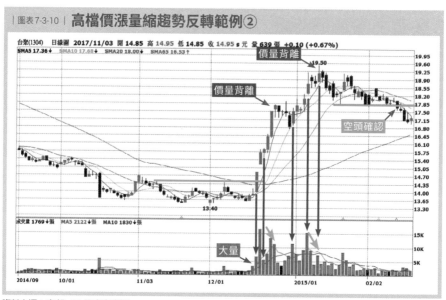

資料來源：富邦 e01 及嘉實資訊

| 圖表 7-3-11 | **高檔價漲量縮趨勢反轉範例③**

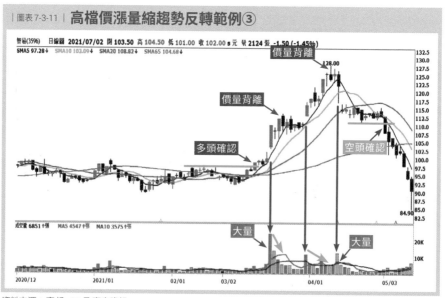

資料來源：富邦 e01 及嘉實資訊

二、價平量增

買盤增加，股價無法上漲是走勢停滯現象，反映交易人可能的3種心理：

1. 買方雖然看好，買盤力道增加，但是賣壓仍然不減，價格自然無法上漲。

2. 利多消息時散戶追買，主力賣出，造成股價利多不漲。

3. 在末升段，價平量增代表量大不漲，要觀察是否主力放利多出貨，可能做頭。

高檔出量是否為出貨量，可以觀察股價下跌後的價量關係及趨勢是否反轉。

| 圖表7-3-12 | **多頭底部的主力進貨量**

價平量增，底部是主力進貨，高檔是主力出貨。

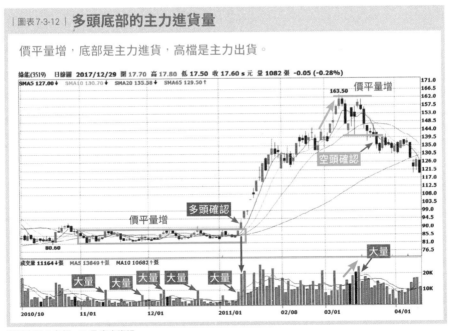

資料來源：富邦 e01 及嘉實資訊

| 圖表 7-3-13 | 多頭高檔的主力出貨量範例①

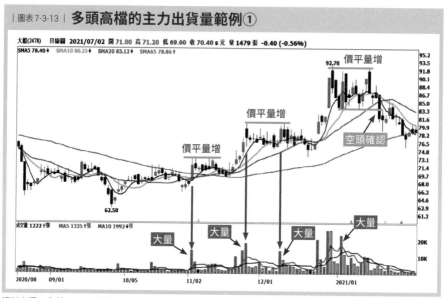

資料來源：富邦 e01 及嘉實資訊

| 圖表 7-3-14 | 多頭高檔的主力出貨量範例②

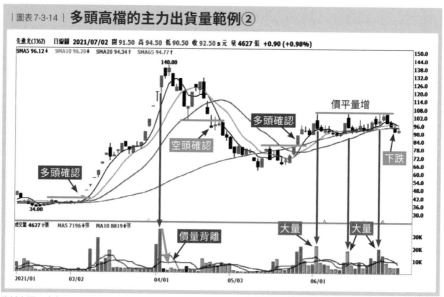

資料來源：富邦 e01 及嘉實資訊

| 圖表 7-3-15 | **多頭高檔的主力出貨量範例③**

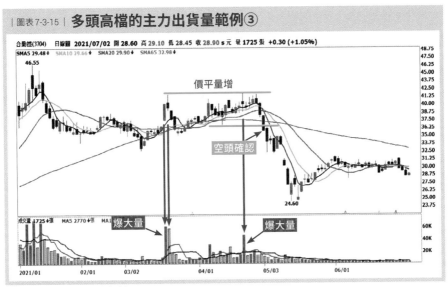

資料來源：富邦 e01 及嘉實資訊

| 圖表 7-3-16 | **價平量增的綜合應用**

價平量增，底部是主力進貨，高檔價漲量縮是價量背離，價平量縮，是買盤不濟。

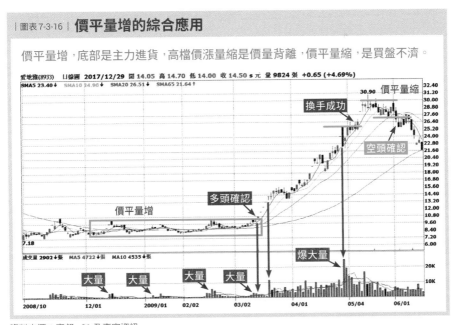

資料來源：富邦 e01 及嘉實資訊

三、價漲量平

價漲量平是多頭漲勢中，量能停滯的現象，股價再上漲有限，是一種股價「止漲」的徵兆，反映交易人可能的 3 種心理：

1. 主力拉抬意願不高。

2. 連續上漲追買意願降低。

3. 當股價漲幅已大或漸漸接近壓力，想要獲利賣出的人漸多，願意積極追買的人漸少，主力也呈現觀望態度，此時如果不能及時量增，股價容易反轉下跌。

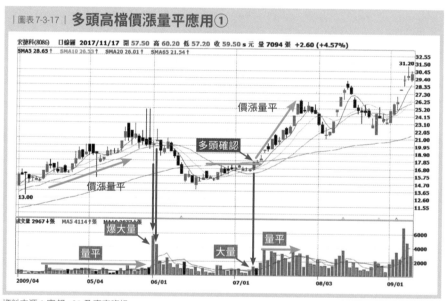

| 圖表 7-3-17 | **多頭高檔價漲量平應用①**

資料來源：富邦 e01 及嘉實資訊

│圖表 7-3-18│ **多頭高檔價漲量平應用②**

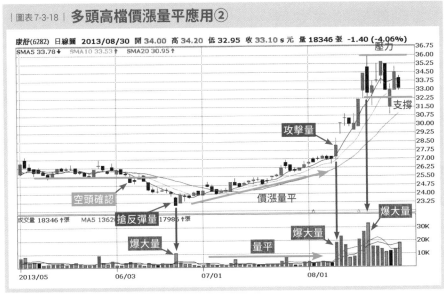

資料來源：富邦 e01 及嘉實資訊

│圖表 7-3-19│ **多頭高檔價漲量平應用③**

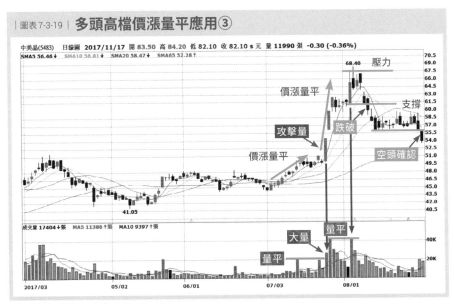

資料來源：富邦 e01 及嘉實資訊

多頭起漲的成交量

多頭上漲一波，回檔修正量縮之後再開始放量上漲，當天出現的大量可能是攻擊量或是出貨量，起漲的大量經常會影響後續走勢強弱。

多頭趨勢還沒有走完，上漲一小波段之後，主力大戶要清洗籌碼而賣出部分持股，使得股價下跌，當回檔價跌量急縮，接近重要支撐出現止跌 K 線訊號，而且沒有跌破趨勢前面一個低點，沒有跌破月線，確認多頭趨勢不變，股價再開始放大量紅 K 上漲。起漲量的重點說明如下：

1. 後續股價繼續上漲，該起漲的大量為攻擊量，或是主力在高檔調節賣出的量再進場買回。

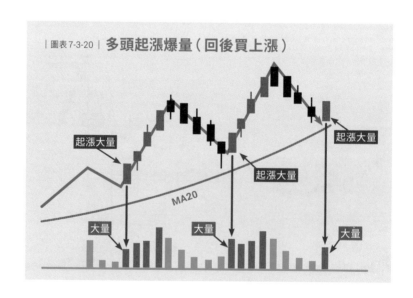

| 圖表 7-3-20 | **多頭起漲爆量（回後買上漲）**

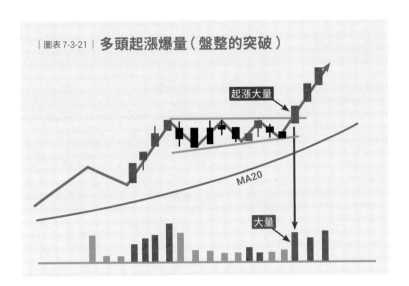

圖表 7-3-21 | 多頭起漲爆量（盤整的突破）

2. 次日股價下跌，該起漲的大量紅 K 最低點不能跌破，否則成為誘多出貨量，多頭趨勢高檔或末升段的起漲容易出現。

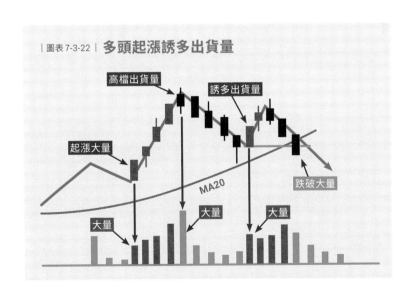

圖表 7-3-22 | 多頭起漲誘多出貨量

3. 起漲紅 K 沒有放大量，次日補量上漲，多頭將持續上漲。

4. 大量起漲後續幾天股價下跌，沒有跌破起漲紅 K 最低點，之後再放量上攻，之前股價下跌是主力洗盤動作。

5. 大量紅 K 突破盤整起漲，次日大量黑 K 下跌，跌破突破起漲紅 K 最低點，大量紅 K 為假突破，這 2 根 K 線的大量為出貨量。

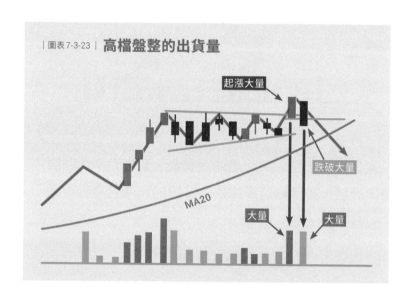

圖表 7-3-23 | 高檔盤整的出貨量

| 圖表 7-3-24 | **多頭起漲的大量範例①** |

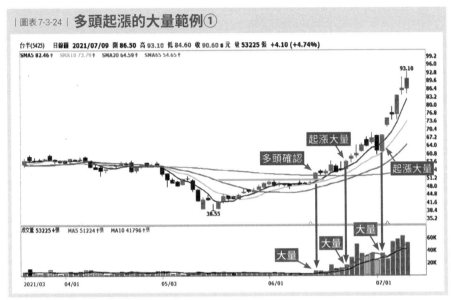

資料來源：富邦 e01 及嘉實資訊

| 圖表 7-3-25 | **多頭起漲的大量範例②** |

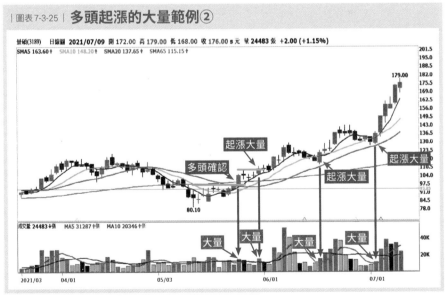

資料來源：富邦 e01 及嘉實資訊

| 圖表 7-3-26 | 多頭起漲誘多的出貨量

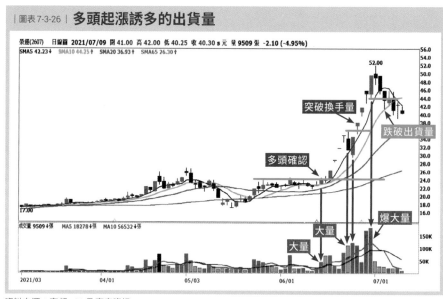

資料來源：富邦 e01 及嘉實資訊

| 圖表 7-3-27 | 高檔爆量的出貨量

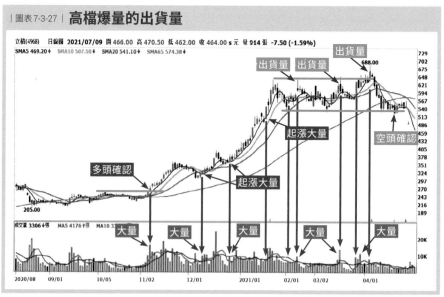

資料來源：富邦 e01 及嘉實資訊

底部打底的成交量

空頭下跌 3 波之後開始出現「底底高」盤整打底，在打底時經常看到一些異常的大量出現，這些異常的大量是重要訊號，對日後趨勢是否反轉有重要的關係。

一、第 1 支腳大量反彈的走勢

1. 空頭下跌到低檔，出現爆大量下跌的黑 K 或止跌的紅 K，後續股價出現反彈，該爆量視為搶反彈的進貨量。

2. 空頭爆量反彈到 20 均遇壓出現黑 K 下跌，空頭趨勢不變，繼續做空，此時要注意第 1 支腳大量可能有支撐，股價下跌無法跌破時，出現「底底高」要立刻回補。

3. 空頭爆量反彈，如果突破月線，反彈到前高，表示多方力

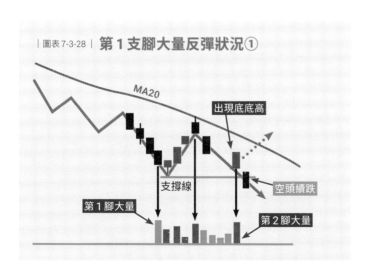

| 圖表 7-3-28 | 第 1 支腳大量反彈狀況①

道強勁，反彈結束後再下跌，容易出現「底底高」的第2支腳（俗稱黃金右腳）。

4. 空頭爆量反彈，如果突破月線，突破前高，出現「頭頭高」，趨勢改變，再下跌不宜做空。

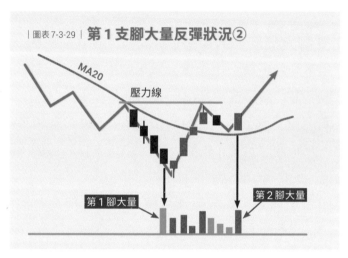

｜圖表 7-3-29｜**第 1 支腳大量反彈狀況②**

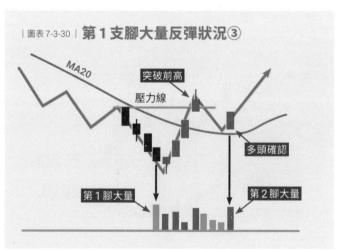

｜圖表 7-3-30｜**第 1 支腳大量反彈狀況③**

二、第2支腳大量反彈的走勢

1.「底底高」的第2支腳（俗稱黃金右腳）通常也會出現大量，趨勢開始打底盤整。此時反彈高點是壓力，第2支腳的低點是支撐。後續股價突破高點的壓力，趨勢反轉成多頭。

2. 打底盤整中出現的大量，暫時看做主力的進貨量（也稱為草叢量）。

3. 打底盤整期間注意均線方向的改變，當10均與20均形成向上的多頭排列，打底接近完成，鎖股準備做短多，突破60均後呈現均線4線多排，可以鎖股準備做短中長多。

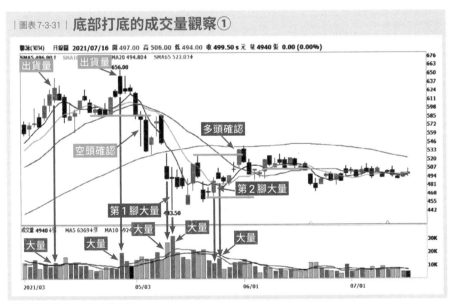

| 圖表 7-3-31 | 底部打底的成交量觀察①

資料來源：富邦 e01 及嘉實資訊

| 圖表 7-3-32 | **底部打底的成交量觀察②**

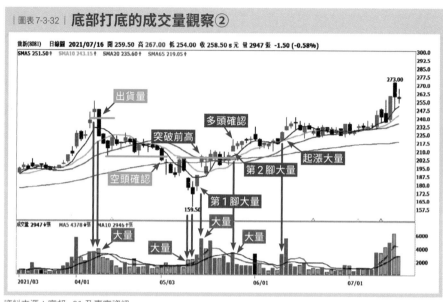

資料來源：富邦 e01 及嘉實資訊

| 圖表 7-3-33 | **底部打底的成交量觀察③**

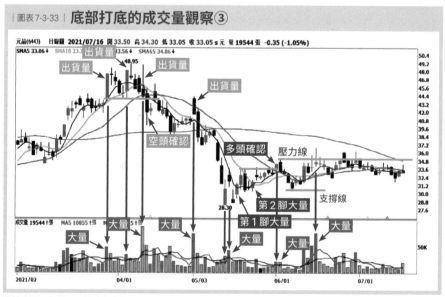

資料來源：富邦 e01 及嘉實資訊

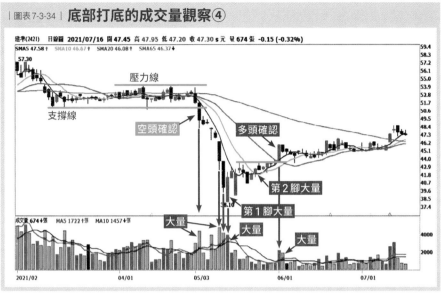

圖表 7-3-34 | 底部打底的成交量觀察④

資料來源：富邦 e01 及嘉實資訊

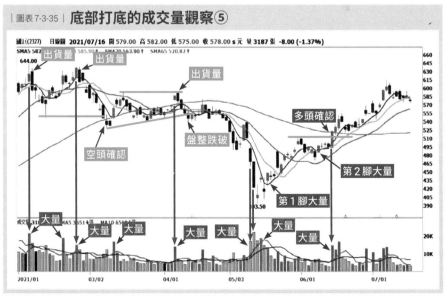

圖表 7-3-35 | 底部打底的成交量觀察⑤

資料來源：富邦 e01 及嘉實資訊

多頭高檔量的變化

　　多頭上漲到高檔開始出現爆大量，無論是長線或短線，高檔爆大量後面股價出現變化的機率很大，已經持股獲利的投資人或者追高進場的投資人，一定要準備賣出。如果轉折明確，當天收盤前要賣出，至於後續是否趨勢會反轉或空頭，也是我們後續重要的鎖股觀察。

　　1. 高檔出現異常天量（前一日量的 2 ～ 5 倍以上）後，股價出現長黑 K 下跌，容易 1 日反轉，經常出現在飆股急漲的高檔，要立刻停利出場。

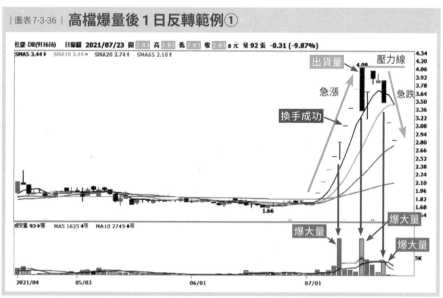

| 圖表 7-3-36 | 高檔爆量後 1 日反轉範例①

資料來源：富邦 e01 及嘉實資訊

圖表 7-3-37 │ **高檔爆量後 1 日反轉範例②**

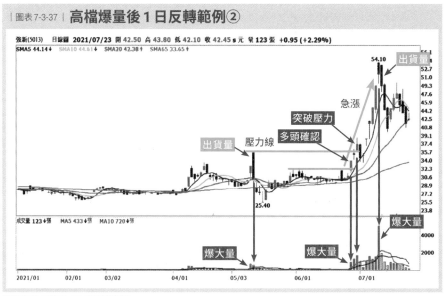

資料來源：富邦 e01 及嘉實資訊

圖表 7-3-38 │ **高檔爆天量後 1 日反轉範例③**

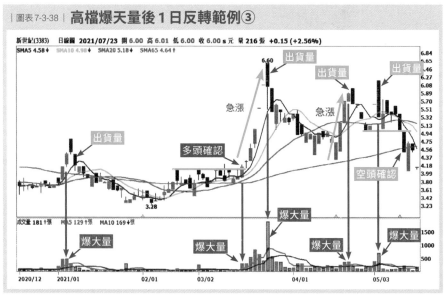

資料來源：富邦 e01 及嘉實資訊

2. 上漲時連續出現 2～3 天爆大量（5 日均量的 2 倍以上）後，股價不漲或下跌，要立刻停利出場，此時股價容易快速回檔，如果出現在多頭的末升段，注意後續做頭的機率很高。

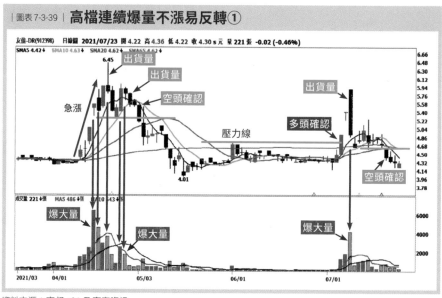

| 圖表 7-3-39 | 高檔連續爆量不漲易反轉①

資料來源：富邦 e01 及嘉實資訊

| 圖表 7-3-40 | **高檔連續爆量不漲易反轉②**

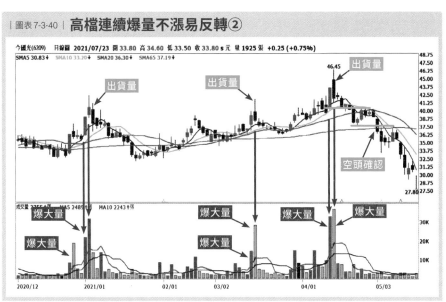

資料來源：富邦 e01 及嘉實資訊

| 圖表 7-3-41 | **高檔連續爆量不漲易反轉③**

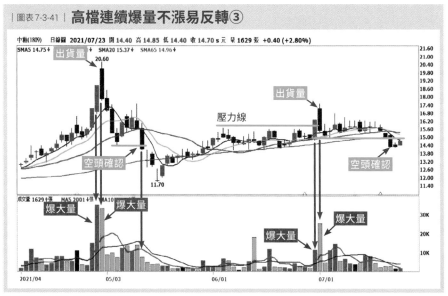

資料來源：富邦 e01 及嘉實資訊

空頭下跌量的變化

空頭確認開始下跌，不同位置出現的量價變化，對後續走勢變化有不同的意義，是我們重要的觀察。

一、空頭確認的爆大量

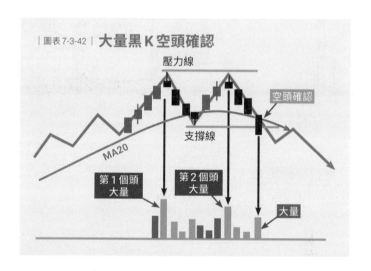

| 圖表 7-3-42 | **大量黑 K 空頭確認**

趨勢高檔「頭頭低、底底低」，大量長黑 K 確認，後續應觀察下列變化：

1. 下跌力道比較強，仍持有多單要立刻賣出。

2. 該位置如果已經跌破月線且月線下彎，但是尚未跌破季線，可以做短空。

3. 該位置如果尚未跌破月線，等下波彈後空下跌。

| 圖表 7-3-43 | **空頭確認的爆大量範例①**

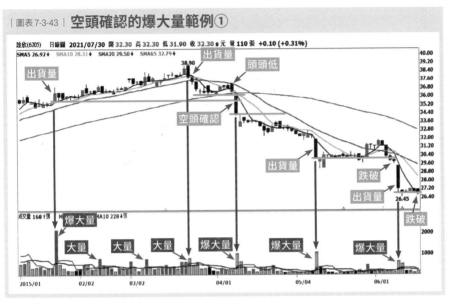

資料來源：富邦 e01 及嘉實資訊

| 圖表 7-3-44 | **空頭確認的爆大量範例②**

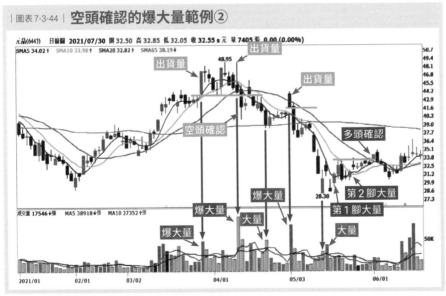

資料來源：富邦 e01 及嘉實資訊

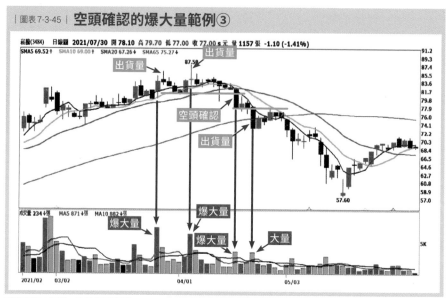

圖表 7-3-45 | 空頭確認的爆大量範例③

資料來源：富邦 e01 及嘉實資訊

二、空頭下跌中的爆大量

空頭開始下跌，當下跌中出現大量長黑K，後續應觀察下列變化：

1. 下跌大量長黑K，代表當天空方力道強，次日容易繼續下跌。

2. 下跌大量長黑K，次日之後該黑K高點是壓力線、低點是支撐線，後續高點被突破，多方力量轉強，反彈確認；後續低點被跌破，空方換手失敗，持續下跌。

3. 下跌大量長黑K，後續大量紅K反彈，反彈結束再下跌，出現不破底的「底底高」第2支腳，前低第1支腳的下跌大量黑K，該大量可以視為主力進貨量。

4. 下跌大量長黑K，次日續跌，成交量縮小到大量的二分之一

以下，稱為窒息量。窒息量次日如果出現放大量的紅K反彈，容易強力反彈，這3天晨星轉折的成交量變化，稱為凹洞量。

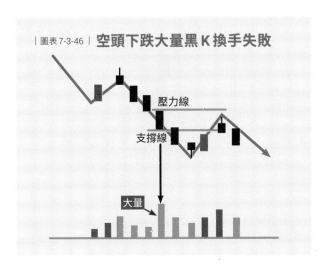

| 圖表7-3-46 | 空頭下跌大量黑K換手失敗

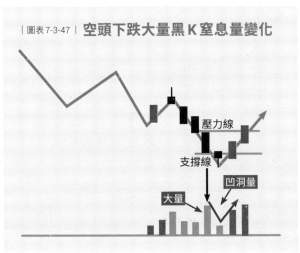

| 圖表7-3-47 | 空頭下跌大量黑K窒息量變化

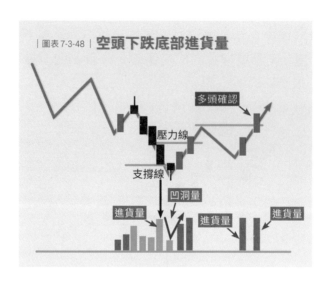

| 圖表 7-3-48 | 空頭下跌底部進貨量

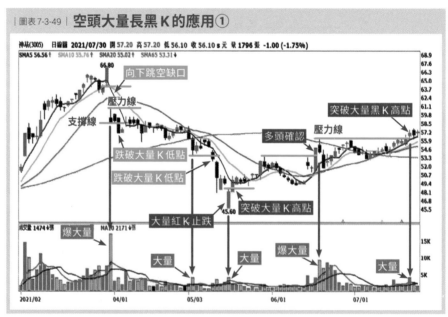

| 圖表 7-3-49 | 空頭大量長黑 K 的應用①

資料來源：富邦 e01 及嘉實資訊

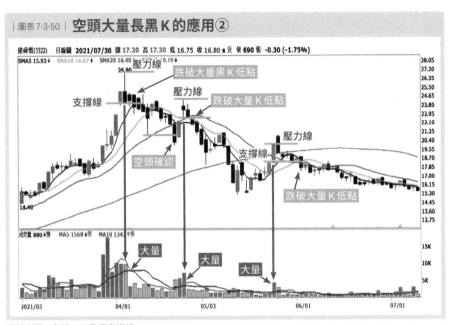

圖表7-3-50　**空頭大量長黑K的應用②**

資料來源：富邦 e01 及嘉實資訊

K線量價綜合總結

1. 紅K的「成交量」為當日買方追買量（買方可能是主力，也可能是散戶）。

2. 黑K的「成交量」為當日賣方追賣量（賣方可能是主力，也可能是散戶）。

3. 多頭「大成交量」後上漲突破，為攻擊進貨量，也為日後支撐量（圖表7-3-51）。

4. 多頭「大成交量」後下跌跌破，為出貨量，也為日後壓力量（圖表7-3-52、圖表7-3-53）。

| 圖表 7-3-51 | **多頭突破的進貨量**

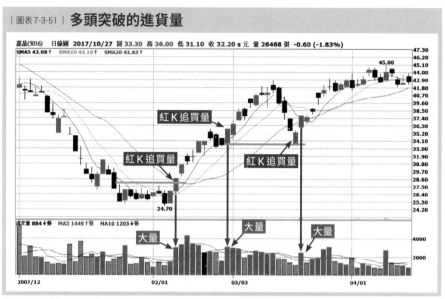

資料來源：富邦 e01 及嘉實資訊

| 圖表 7-3-52 | **多頭跌破的出貨量範例①**

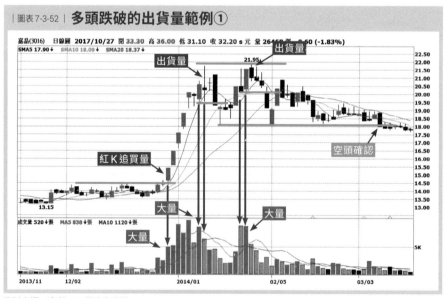

資料來源：富邦 e01 及嘉實資訊

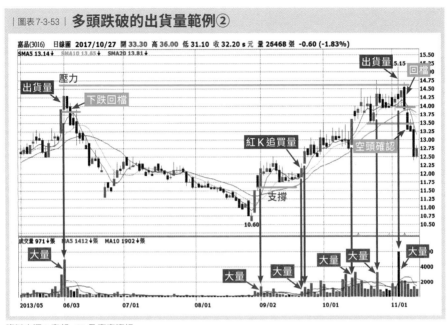

| 圖表 7-3-53 | **多頭跌破的出貨量範例②**

資料來源：富邦 e01 及嘉實資訊

　　5. 空頭「大成交量」後上漲突破，為搶反彈進貨量，也為日後支撐量。

　　6. 空頭「大成交量」後下跌跌破，為恐慌出貨量，也為日後壓力量。

　　7. 盤整區「大成交量」為換手累積量，上漲突破，為換手成功進貨量，也為日後支撐量。下跌跌破，為換手失敗出貨量，也為日後壓力量（圖表 7-3-54）。

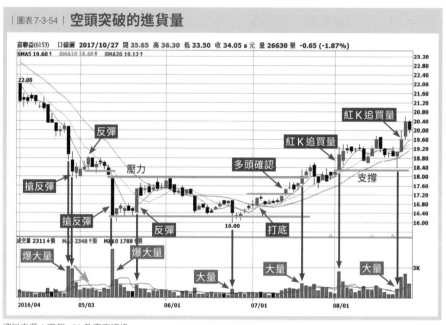

| 圖表 7-3-54 | 空頭突破的進貨量

資料來源：富邦 e01 及嘉實資訊

8. 多頭轉折成交量觀察：

（1）起漲（回後上漲與盤整突破）「大量」紅 K 後上漲，最低點是關鍵點，被跌破則停損出場。

（2）起漲「大量」紅 K 後上漲，次日「大量」黑 K 下跌，連續2 根 K 線最高點與最低點是關鍵點，突破黑 K 最高點續漲，「大量」黑 K 下跌為洗盤，跌破紅 K 低點則停損出場，「大量」紅 K 為誘多騙線。

（3）高檔「大量」紅 K 上漲，最低點是關鍵點，跌破紅 K 低點則回檔；高檔「大量」黑 K 下跌，次日開低走低或開高走低，則回檔。

(4)高檔連續急漲「暴大量」（末升段現象），股價只能上漲，不能下跌，出現黑K下跌，容易急跌或反轉趨勢。

(5)高檔股價續創新高，成交量遞減，稱為「量價背離」，代表上漲買盤力道減少，當股價出現黑K不漲，容易回檔或盤頭。

9. 空頭轉折成交量觀察：

(1)起跌（彈後下跌與盤整跌破）「大量」黑K後下跌，最高點是關鍵點，被突破則做空者停損出場。

(2)起跌「大量」黑K後下跌，次日「大量」紅K上漲，連續2根K線最高點與最低點是關鍵點，跌破紅K最低點續跌，「大量」紅K上漲為誘多出貨，突破黑K高點則停損出場，「大量」黑K為殺低洗盤騙線。

(3)下跌低檔「大量」黑K下跌，最高點是關鍵點，被突破則反彈；下跌低檔「大量」黑K下跌，次日開高走高或開低走高，則反彈。

(4)低檔連續急跌「暴大量」（末跌段現象），股價只能下跌，不能上漲，出現紅K上漲，容易急漲或反轉趨勢。

(5)低檔股價續創新低，成交量遞增，稱為「量價背離」，代表下跌買盤力道增加，當股價出現紅K不跌，容易反彈或打底。

10. 上漲遇到壓力「大量」紅 K，收盤沒有突破壓力，次日黑 K 股價不漲，要回檔。

11. 上漲遇到壓力「大量」黑 K 或上影線，收盤沒有突破壓力，次日股價不漲，要回檔。

12. 下跌遇到支撐「大量」黑 K，收盤沒有跌破支撐，次日紅 K 股價不跌，要反彈。

13. 下跌遇到支撐「大量」紅 K 或下影線，收盤沒有跌破支撐，次日股價不跌，要反彈。

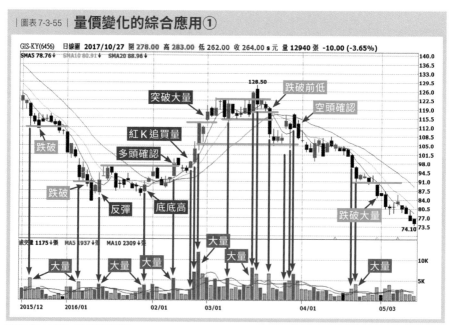

圖表 7-3-55 │ 量價變化的綜合應用①

資料來源：富邦 e01 及嘉實資訊

| 圖表 7-3-56 | 量價變化的綜合應用②

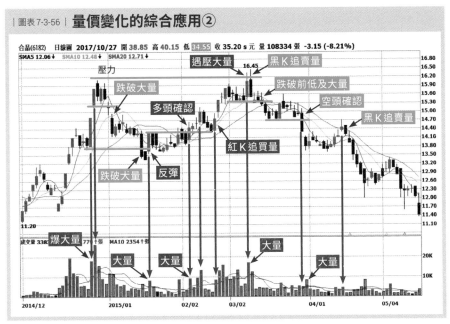

資料來源：富邦 e01 及嘉實資訊

Part 08
指標篇

善用指標
如虎添翼

8-1

MACD 指標中期走勢
的研判

ACD指標是用均線趨勢變動的方向特性與優點設計出來的，利用2條不同週期的均線，計算兩者之間的差離狀況，研判行情買進賣出的時機與趨勢的變化。

MACD指標的內涵及計算

1. MACD指標在應用上，是以12日均線為快速均線，26日均線為慢速均線。

2. MACD指標圖是由下面3個數值所構成：

    (1) DIF（快線，為2均線的差離值）：一般用12日均線減去26日均線，可得到1日的DIF數值，DIF＝MA12－MA26。

    (2) MACD（慢線）：用9日DIF計算平均值。

    (3) OSC（紅、綠柱狀體）：用快線減慢線（DIF－MACD）計算出來，OSC為正數，在圖上顯示為0軸之上的紅柱，正數越大紅柱越長；OSC為負數，在圖上顯示為0軸之下的綠柱，負數越大綠柱越長。

3. MACD理論可以確認中長期趨勢外，同時也可用來判斷短期反轉點。

MACD多頭趨勢應用要點

1. 2線在0軸之上時，當DIF（快線）與MACD（慢線）黃金交叉，視為多方買訊，再次上漲。

2. 2線在0軸之上時，當DIF（快線）與MACD（慢線）死亡交叉，視為多頭高檔，可獲利賣出，拉回0軸不破時，可視為多頭的回檔。

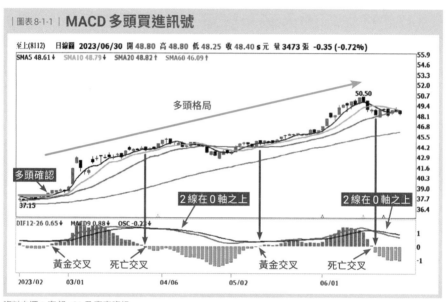

| 圖表8-1-1 | MACD多頭買進訊號

資料來源：富邦 e01 及嘉實資訊

MACD空頭趨勢應用要點

1. 2線在0軸之下時，當DIF與MACD黃金交叉，視為空頭低檔，可空單回補，反彈到0軸不突破才可以做空（只可視為空頭的反彈）。

2. 2線在0軸之下時，當DIF與MACD死亡交叉，是為空頭賣訊，再次下跌。

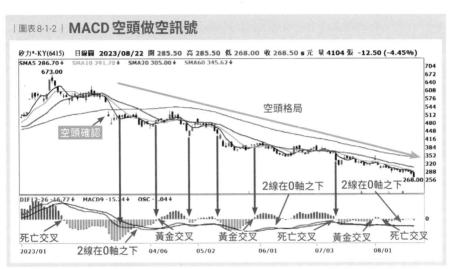

|圖表 8-1-2 | **MACD 空頭做空訊號**

資料來源：富邦 e01 及嘉實資訊

多頭格局 OSC 柱狀趨勢變化

1. 多頭趨勢紅柱縮短，多頭回檔。

2. 多頭趨勢紅柱漸長，漲勢持續，多單續抱。

3. 多頭趨勢紅柱漸長，股價不漲或下跌，動能背離，多單準備賣出。

4. 多頭趨勢紅柱由縮短再轉增長，漲勢再起，回後買上漲。

5. 多頭趨勢當柱狀由綠色縮短接近 0 軸，而後轉成紅柱時，股價容易再漲。

6. 多頭趨勢當柱狀由紅柱縮短接近 0 軸，而後轉成綠柱時，股價容易續回檔。

7. 多頭趨勢在高檔，股價創新高（1～3 次），而紅柱未創新高，稱為高檔背離，股價做頭的機會很大。

活用技術分析寶典下

飆股上校朱家泓 40 年實戰精華 從 K 線、均線到交易高手的養成祕笈

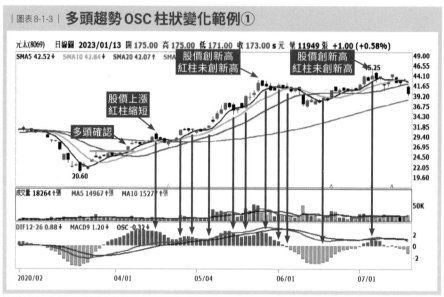

資料來源：富邦 e01 及嘉實資訊

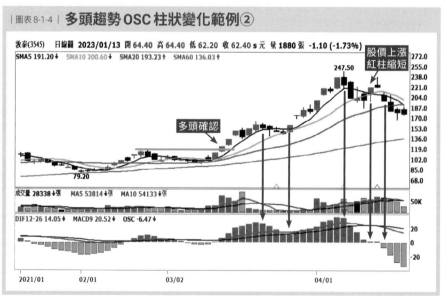

資料來源：富邦 e01 及嘉實資訊

空頭格局 OSC 柱狀趨勢變化

1. 空頭趨勢綠柱縮短，空頭反彈。

2. 空頭趨勢綠柱漸長，跌勢持續，空單續抱。

3. 空頭趨勢綠柱漸長，股價不跌或上漲，動能背離，空單準備回補。

4. 空頭趨勢綠柱由縮短再轉增長，跌勢再起，彈後空下跌。

5. 空頭趨勢當柱狀由紅柱縮短接近 0 軸，而後轉成綠柱時，股價容易再跌。

6. 空頭趨勢當柱狀由綠柱縮短接近 0 軸，而後轉成紅柱時，股價容易續反彈。

7. 空頭趨勢在低檔，股價創新低（1 ～ 3 次），而綠柱未創新低，稱為低檔背離，股價打底的機會很大。

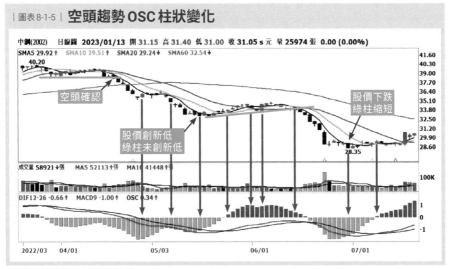

| 圖表 8-1-5 | **空頭趨勢 OSC 柱狀變化**

資料來源：富邦 e01 及嘉實資訊

MACD 指標的背離應用

一、波段上漲或下跌的背離

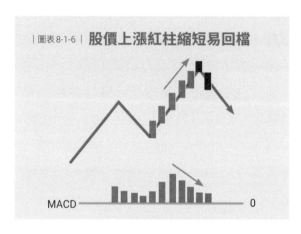

|圖表 8-1-6| **股價上漲紅柱縮短易回檔**

MACD ─────── 0

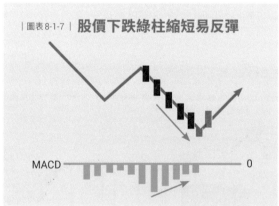

|圖表 8-1-7| **股價下跌綠柱縮短易反彈**

MACD ─────── 0

重點說明：

　　1. 多頭股價上漲、紅柱縮短為高檔背離，後續股價容易回檔。

　　2. 空頭股價下跌、綠柱縮短為低檔背離，後續股價容易反彈。

| 圖表 8-1-8 | **波段上漲的背離**

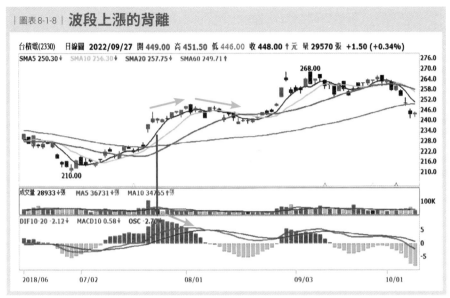

資料來源:富邦 e01 及嘉實資訊

| 圖表 8-1-9 | **波段下跌的背離**

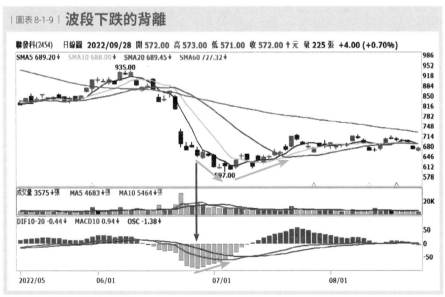

資料來源:富邦 e01 及嘉實資訊

二、趨勢上漲或下跌的背離

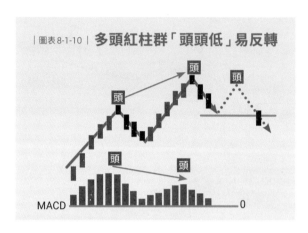

| 圖表 8-1-10 | 多頭紅柱群「頭頭低」易反轉

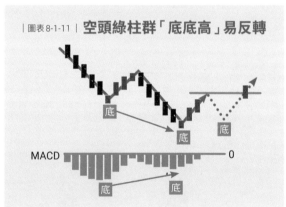

| 圖表 8-1-11 | 空頭綠柱群「底底高」易反轉

重點說明：

1. 多頭趨勢上漲「頭頭高」，兩波紅柱群「頭頭低」為趨勢高檔背離，後續趨勢容易轉空頭。

2. 空頭趨勢下跌「底底低」，兩波綠柱群「底底高」為趨勢低檔背離，後續趨勢容易轉多頭。

|圖表 8-1-12| **趨勢上漲的背離**

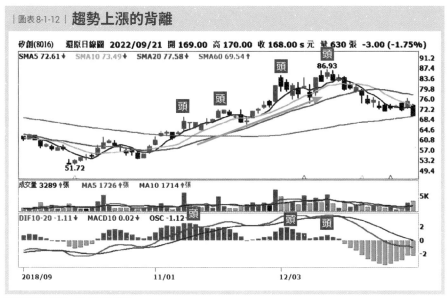

資料來源：富邦 e01 及嘉實資訊

|圖表 8-1-13) **趨勢上漲、下跌的綜合應用**

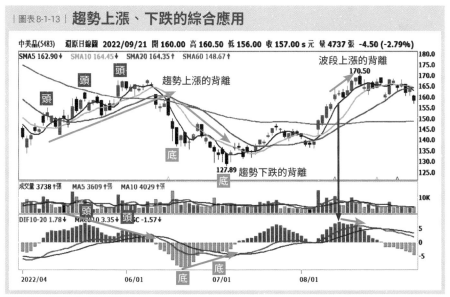

資料來源：富邦 e01 及嘉實資訊

8-2
反映股價變化的
KD 指標

KD指標的內涵及計算

　　KD指標是結合了RSI、均線、量能等優點而改良的一種指標，在設計中主要研究高低價位與收盤價的關係，反映價格走勢的強弱及超買、超賣現象，是股市中許多投資人愛用的指標之一。

　　1. KD指標可以選擇任何一個日數作為計算基礎，例如用5日KD線，計算公式如下，計算出來的數字會在0～100之間，K線為快速線，D線為慢速線。

$$K\text{ 值}=100\times\frac{C-L5}{H5-L5} \qquad D\text{ 值}=100\times\frac{H3}{L3}$$

C 最後一天收盤價
L5 最後5日內最低價
H5 最後5日內最高價
H3 最後3個（C－L5）數的總和
L3 最後3個（H5－L5）數的總和

　　2.計算時，通常以最近9日的最高價、最低價，以及本日收盤價為計算基礎，短線交易可採用5日作為計算基礎（1週的交易時間）。

　　3. KD指標是用2條曲線構成的圖形，來分析研判價格走勢：

　　（1）市場買超、賣超現象（鈍化現象）。

　　（2）走勢背離現象。

　　（3）2線互相交叉現象。

　　（4）2線方向的改變。

KD 指標黃金與死亡交叉

　　K 線、D 線上下波動時會產生交叉的訊號，當 K 線由下方向上穿過 D 線，稱為黃金交叉；當 K 線由上方向下穿過 D 線，稱為死亡交叉。

　　我們利用 KD 指標的交叉判斷行情走勢時，最容易產生誤判，原因是當股價走勢是多頭、空頭或處於盤整時，判別方法是不一樣的，因此要正確判別交叉訊號的意義，先要分辨出目前股價處於何種趨勢，這樣就不會錯誤解讀了。

　　1. 股價走多頭：KD 黃金交叉是參考買點，死亡交叉是多單參考的賣出點。

　　2. 股價走空頭：KD 死亡交叉是參考空點，黃金交叉是空單參考的回補點。

| 圖表 8-2-1 | **KD 指標的進出場訊號**

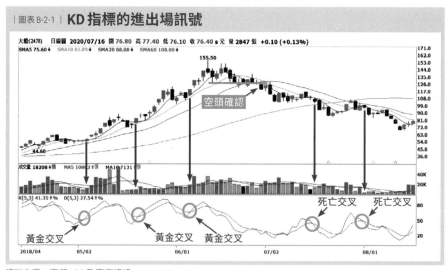

資料來源：富邦 e01 及嘉實資訊

3.股價在盤整：KD死亡交叉與黃金交叉都不能進場。

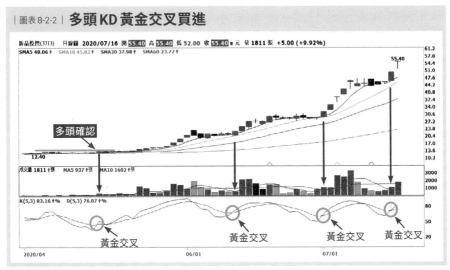

圖表8-2-2 | 多頭KD黃金交叉買進

資料來源：富邦 e01 及嘉實資訊

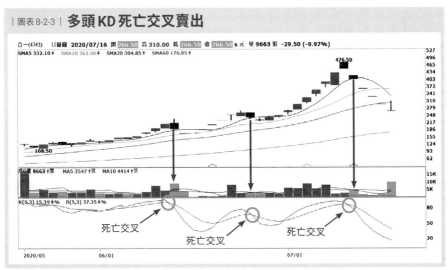

圖表8-2-3 | 多頭KD死亡交叉賣出

資料來源：富邦 e01 及嘉實資訊

不同週期的操作應用

做短線進出看日線 KD 操作，中期走勢進出看週線 KD 操作，長期走勢進出看月線 KD 操作。

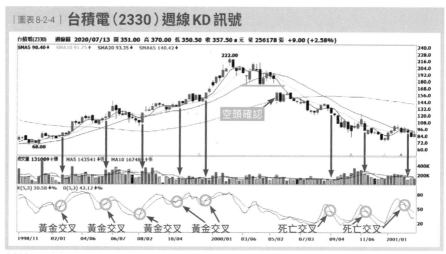

圖表 8-2-4 台積電（2330）週線 KD 訊號

資料來源：富邦 e01 及嘉實資訊

KD 指標高檔鈍化與低檔鈍化

當 K 值與 D 值上升到達 80 以上或下降到 20 以下，表示股價過熱或超跌，但是股價有時仍然繼續上漲或繼續下跌，這時 KD 值進入 80 ～ 100 區間盤整稱為「高檔鈍化」，或是進入 0 ～ 20 區間盤整稱為「低檔鈍化」，已經無法反映股價繼續上漲或繼續下跌的狀況，故稱為「鈍化」。當 KD 進入鈍化區時，就失去參考的價值，這時要回歸看股價走勢及價量的配合。

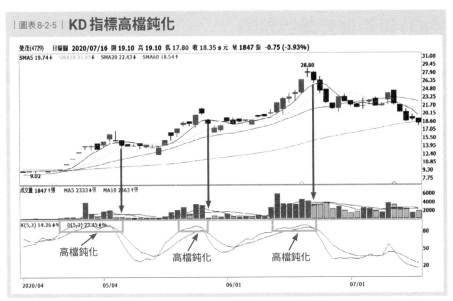

圖表8-2-5 | **KD指標高檔鈍化**

資料來源：富邦 e01 及嘉實資訊

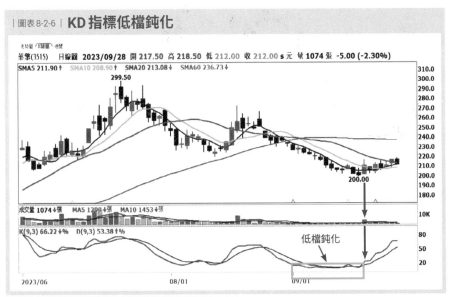

圖表8-2-6 | **KD指標低檔鈍化**

資料來源：富邦 e01 及嘉實資訊

167

KD 與股價背離的判斷

　　1. 當多頭股價走勢維持「頭頭高」，KD 指標 K 線出現「頭頭低」，稱為高檔背離，為趨勢反轉的先期訊號，當股價走勢也呈現「頭頭低」時，趨勢即將反轉成空頭。

　　2. 當空頭股價走勢維持「底底低」，KD 指標 K 線出現「底底高」，稱為低檔背離，為趨勢反轉的先期訊號，當股價走勢也呈現「底底高」時，趨勢即將反轉成多頭。

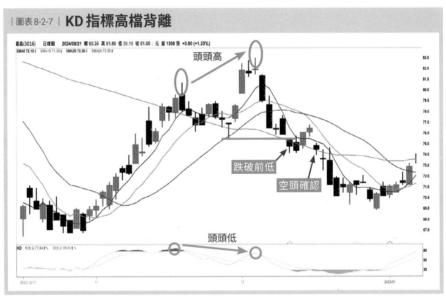

| 圖表 8-2-7 | **KD 指標高檔背離**

資料來源：XQ 全球贏家

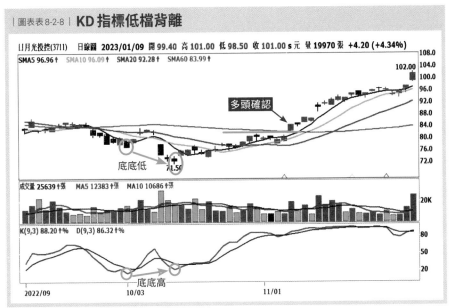

| 圖表表 8-2-8 | **KD 指標低檔背離**

資料來源：富邦 e01 及嘉實資訊

3. KD 指標背離重點：

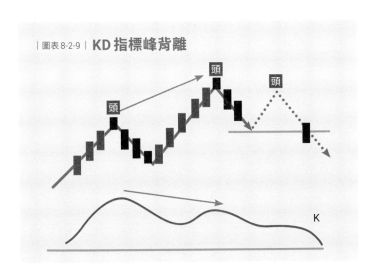

| 圖表 8-2-9 | **KD 指標峰背離**

| 圖表 8-2-10 | **KD 指標底背離**

（1）峰背離：當股價走勢創新高（頭頭高），K 指標出現「頭
　　頭低」（圖表 8-2-9）。

（2）底背離：當股價走勢創新低（底底低），K 指標出現「底
　　底高」（圖表 8-2-10）。

（3）KD 指標出現背離，表示行情有反轉可能，尤其出現底背
　　離時，注意股價隨時會反彈或落底。

（4）指標背離要在 20 ～ 80 之間才正常有效。

| 圖表 8-2-11 | **KD 指標峰背離走勢**

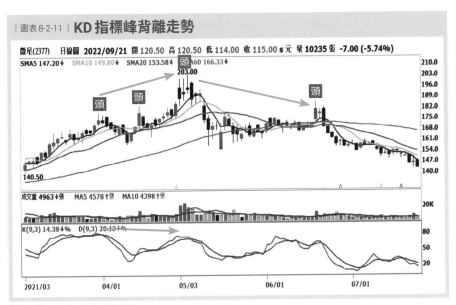

資料來源：富邦 e01 及嘉實資訊

| 圖表 8-2-12 | **KD 指標底背離走勢**

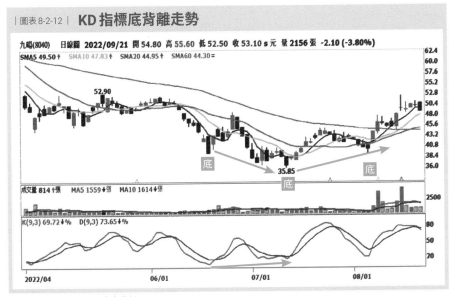

資料來源：富邦 e01 及嘉實資訊

8-3

相對強弱變化的 RSI 指標

RSI 強弱指標是威爾德（Welles Wilder）創建，威爾德也是「亞當理論」的創立者。RSI 用於衡量資產價格的相對強弱，判斷市場的超買或超賣狀態，幫助我們識別潛在的反轉點

▌RSI 指標的內涵及計算

　　RSI 的範圍一定在 0 ～ 100 之間，當平均漲幅與平均跌幅一樣，RSI 指標剛好是 50，因此，RSI 指標大於 50 向上移動，代表股價往上轉強；反之，RSI 指標小於 50 向下移動，代表股價往下轉弱，計算公式如下。

$$RSI = \frac{週期日上漲值平均數}{週期日上漲值平均數＋週期日下跌值平均數} \times 100$$

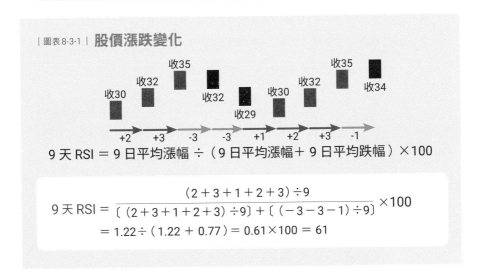

| 圖表 8-3-1 | **股價漲跌變化**

9 天 RSI = 9 日平均漲幅 ÷（9 日平均漲幅 + 9 日平均跌幅）×100

$$9 天 RSI = \frac{(2+3+1+2+3)\div 9}{〔(2+3+1+2+3)\div 9〕+〔(-3-3-1)\div 9〕} \times 100$$
$$= 1.22\div(1.22+0.77) = 0.61\times 100 = 61$$

重點說明：

1. RSI 指標太大時，表示大家一窩蜂買進，說明在短期內商品價格漲幅過高（超過 80 以上代表過熱），脫離了正常價格軌道時，價格容易回跌到正常軌道。

2. RSI 指標太小時，表示大家一窩蜂賣出，說明在短期內商品價格跌幅過多（小於 20 以下代表過冷），脫離了正常價格軌道時，價格容易反彈到正常軌道。

3. RSI 指標在預測短期股價變動上有一定的準確度，可以作為股價過高或過低，可能即將反轉的參考訊號。

RSI 指標的判讀

1. 市場中 RSI 指標又被稱為「逆勢指標」：

　（1）當 RSI 指標太大，表示多方力道太強，也表示市場過熱，這時要逆勢思考，準備賣出或做空。

　（2）當 RSI 指標太小，表示空方力道太強，也表示市場太悲觀，這時要逆勢思考，準備回補或做多。

2. 通常短週期的 RSI 指標變動比較大（比較靈敏），長週期的 RSI 指標變動比較小（比較遲鈍），因此 2 條線會出現交叉、排列、背離等現象。

　（1）「短週期的 RSI」向上突破「長週期的 RSI」是黃金交叉，代表向上力道轉強，是參考買進的訊號。

　（2）「短週期的 RSI」向下跌破「長週期的 RSI」是死亡交叉，代表向下力道轉強，是參考賣出的訊號。

RSI 指標的應用

1. RSI > 80 為「超買」訊號，市場過熱，準備容易下跌。

2. RSI < 20 為「超賣」訊號，市場過冷，準備容易上漲。

3. RSI（6 日、12 日）黃金交叉，是多頭上漲買進參考訊號。

4. RSI（6 日、12 日）死亡交叉，是空頭下跌做空參考訊號。

5. RSI 指標高檔背離，後續走勢注意出現「頭頭低」趨勢容易反轉。

6. 盤整區不宜使用 RSI 指標。

7. 強勢連續上漲或連續急跌，RSI 指標都容易失真。

RSI 指標的背離

│ 圖表 8-3-2 │ **RSI 指標的多空頭背離**

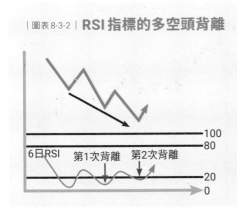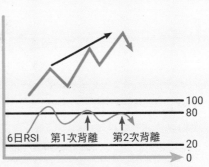

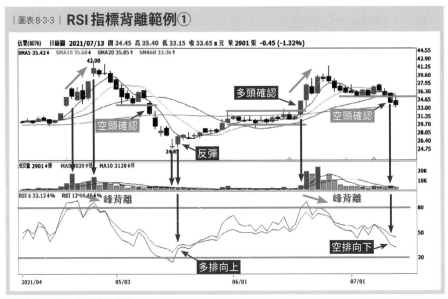

| 圖表 8-3-3 | **RSI 指標背離範例①**

資料來源：富邦 e01 及嘉實資訊

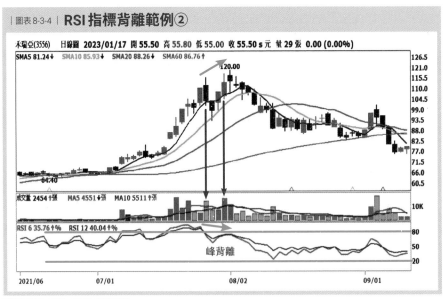

| 圖表 8-3-4 | **RSI 指標背離範例②**

資料來源：富邦 e01 及嘉實資訊

| 圖表 8-3-5 | **RSI 指標背離範例③**

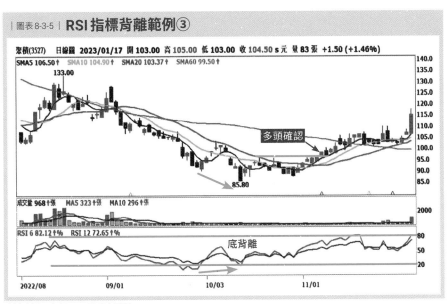

資料來源：富邦 e01 及嘉實資訊

| 圖表 8-3-6 | **RSI 指標背離範例④**

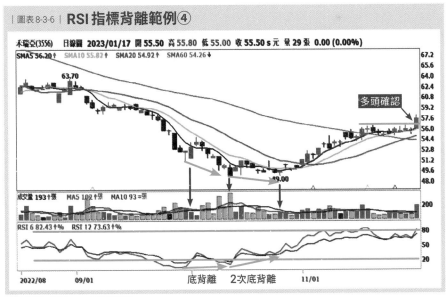

資料來源：富邦 e01 及嘉實資訊

8-4

乖離與 MA 通道
的運用

乖離率是「移動平均線」的技術分析輔助工具,原意為「歪斜、偏離」,引伸用在股票則稱為「乖離」,是指股價與移動平均線之間的距離,應用說明如下。

乖離率的內涵及計算

1. 乖離率的計算方式如下:

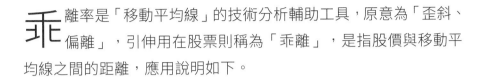

$$乖離率 = \frac{(當日收盤價 - N 日內移動平均價)}{N 日內移動平均價} \times 100$$

N 日為均線的參數,常用的參數為 20 日均線。

2. 運用乖離衡量股票價格跟平均價格的偏離程度,可藉此判斷股價是否波動度太大(漲太多或跌太深)。

3. 藉由計算股價在波動過程中與移動平均線出現偏離的程度,從而判斷當股價劇烈波動時,因偏離移動平均線而造成可能的回檔或反彈。

4. 一般來說,股價會跟著均線上漲或下跌,一旦股價遠離平均線太遠,則回歸平均線修正的機率就越大。

5. 葛蘭碧(Granville Joseph)在 1960 年發表「移動平均線」,簡稱「均線」理論,應用走勢與均線的關係,列出做多的 4 個買點與做空的 4 個賣點,稱為葛蘭畢 8 大法則。其中第 4 買點為連續下跌與均線負乖離太大的反彈,第 8 賣點為連續上漲與均線正乖離太大的回跌(圖表 8-4-1)。

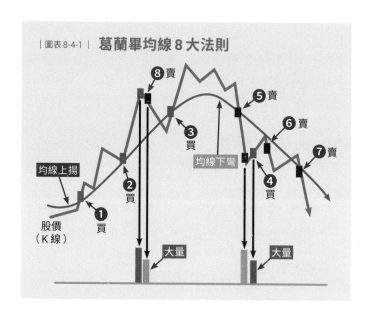

|圖表 8-4-1| **葛蘭畢均線 8 大法則**

正負乖離的應用

1. 乖離率分正乖離與負乖離

（1）正乖離：收盤價＞移動平均線之上稱為正乖離，正乖離過大表示買超，將有下跌壓力。

（2）負乖離：收盤價＜移動平均線之下稱為負乖離，負乖離過大表示超賣，將有反彈的動能。

2. 乖離率的運用

（1）乖離率不能單獨使用，需要搭配趨勢研判。

（2）用來判斷發生反轉的機會是否增加，假設股價遠離平均線太遠，拉回修正機率就會增加，所以當股價出現乖離過大時，盡量避免追高買進或殺低賣出股票，應該等到股價回

檔修正乖離後，再觀察是否符合進場條件操作。同時也可
以觀察是否有可以進場搶急漲後的短空單，或急跌後的短
多單。

(3)對於長期處在緩漲、緩跌、整理的股票來說，多數時間乖
離率無法發揮作用。

(4)乖離率達到何種程度是買進點或賣出點，目前沒有統一的
原則。除了依照行情強弱經驗來看之外，比較客觀的判斷
則可以使用「MA 軌道」加以輔助。

MA 通道的運用

　　MA 通道也稱為 MA 軌道線，也就是在固定移動平均線的上方
與下方設定乖離百分比，標示出上下的 2 條乖離線，因而形成一條
區域軌道，一般用來判斷股價是否接近上面的正乖離線還是接近下
面的負乖離線。

　　常態下，價格會在 MA 軌道內遊走，一旦股價帶量突破軌道線，
代表趨勢轉強。MA 軌道線參數設定，通常以月線（20 日均線）來
研判多空方向，設定乖離率參數為 12% ～ 15%

活用技術分析寶典下
飆股上校朱家泓 40 年實戰精華 從 K 線、均線到交易高手的養成祕笈

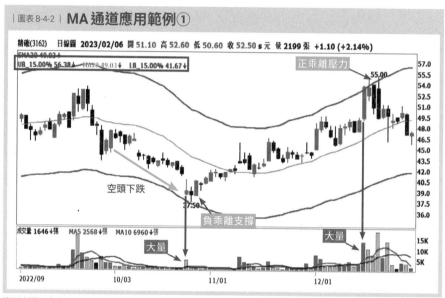

|圖表 8-4-2 | MA 通道應用範例①

資料來源：富邦 e01 及嘉實資訊

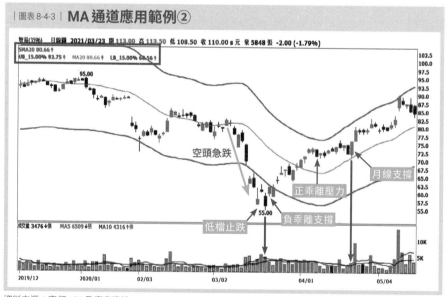

|圖表 8-4-3 | MA 通道應用範例②

資料來源：富邦 e01 及嘉實資訊

182

| 圖表 8-4-4 | **MA 通道應用範例③**

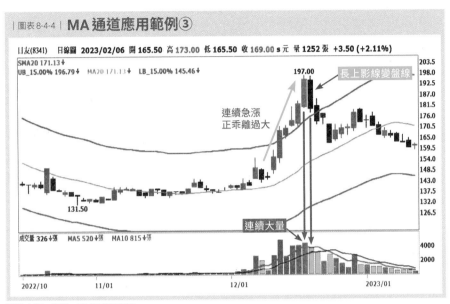

資料來源：富邦 e01 及嘉實資訊

| 圖表 8-4-5 | **MA 通道應用範例④**

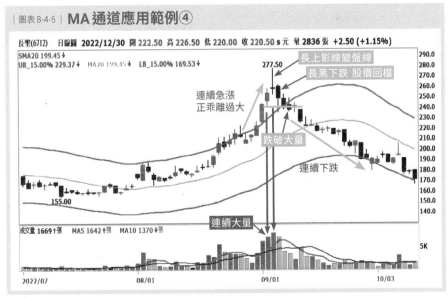

資料來源：富邦 e01 及嘉實資訊

| 圖表 8-4-6 | **MA 通道應用範例⑤**

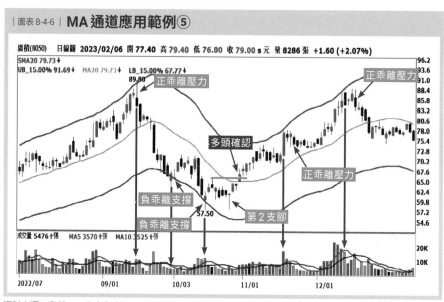

資料來源：富邦 e01 及嘉實資訊

| 圖表 8-4-7 | **MA 通道應用範例⑥**

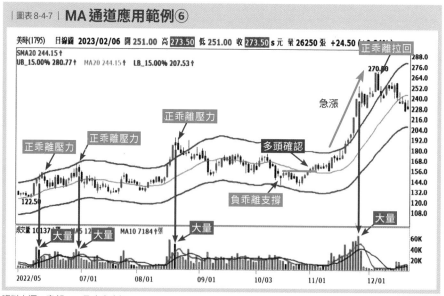

資料來源：富邦 e01 及嘉實資訊

學習筆記

8-5

布林通道（BBands）

布林通道（Bollinger Bands，BBands）是移動平均線和標準差的概念，又稱布林格帶狀或保力加通道，是由約翰‧布林格（John Bollinger）結合了均線和統計學的標準差所提出的概念。

所謂的布林通道是以MA20為中心，上下各2個標準差為範圍的軌道操作方式。

布林通道的原始設定

布林通道的原始設定為：

1. 帶狀上軌＝帶狀中心線＋2個標準差（股價的壓力線）。

2. 帶狀中軌＝20日移動平均線（即MA20）。

3. 帶狀下軌＝帶狀中心線－2個標準差（股價的支撐線）。

| 圖表8-5-1 | **布林通道示意圖**

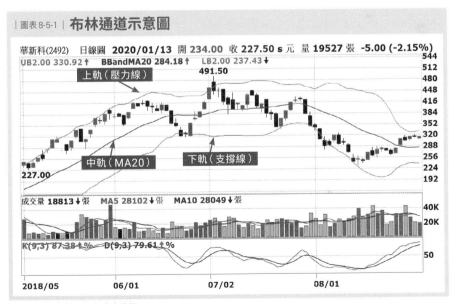

資料來源：富邦e01及嘉實資訊

布林格的 2 個標準差涵蓋了 95.4% 的股價機率，依據標準差的常態分配，距平均值小於 1 個標準差之內的數值範圍，在常態分布中此範圍所占全部比率為 68.2%，2 個標準差的比率合起來為 95.4%。

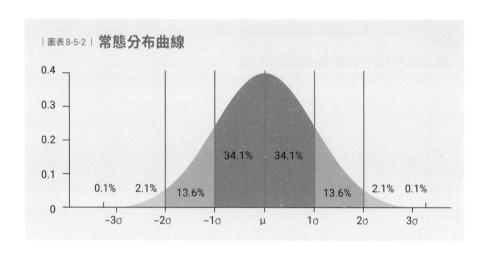

| 圖表 8-5-2 | **常態分布曲線**

從上下軌道看進出場時機

上下軌道操作，就是當股價到下軌道時向上，以做多為主，等到股價觸碰到上軌道時出場（壓力）；當股價到上軌道時向下，以做空為主，等到股價觸碰到下軌道時回補（支撐）。

所以在 2 個標準差之中，依據常態分布曲線圖（圖表 8-5-2），股價會超出軌道機率大約只有 4.6%。

1. 做多時，股價碰到上軌道，出場訊號出現，準備賣出。當你買進股票或做多股價碰到上軌道，要再漲的機會很小，我們可以

選擇短線出場。

2. 做空時，股價碰到下軌道，反彈訊號出現，準備回補。當股價碰到下軌道，要再跌的機會就不是那麼大，我們可以回補短線空單。

布林通道的8個使用原則

以下說明布林通道的8個基本原則，並從中看出買賣訊號。

一、4個買進訊號

1. 空頭下跌低檔，價格由下向上穿越下軌時是買進訊號（搶空頭反彈）。

2. 多頭上漲，價格由下向上穿越中軌時，是買進訊號（多頭回檔跌破中軌後，再站上中軌）。

3. 價格在中軌與上軌之間向上，為多頭市場，持續做多或長線抱股。

4. 布林3軌呈現平行時，股價突破盤整做多買進。

二、4個做空訊號

1. 價格由上往下穿越上軌時，是賣出訊號（搶多頭回檔）。

2. 價格在中軌與上軌間，由上往下跌破中軌，為賣出訊號（空頭反彈突破中軌後再下中軌）。

3. 價格在中軌與下軌之間，為空頭市場，持續做空。

4. 布林3軌呈現平行時，股價跌破盤整做空賣出。

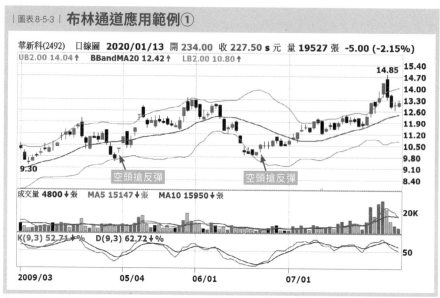

|圖表 8-5-3| 布林通道應用範例①

華新科(2492)　日線圖 2020/01/13 開 234.00 收 227.50 s 元 量 19527 張 -5.00 (-2.15%)

資料來源：富邦 e01 及嘉實資訊

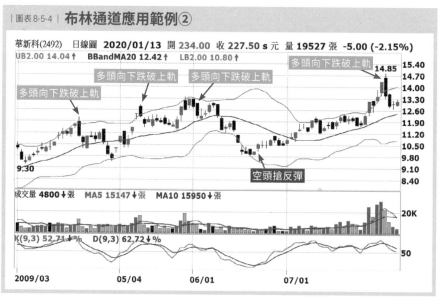

|圖表 8-5-4| 布林通道應用範例②

華新科(2492)　日線圖 2020/01/13 開 234.00 收 227.50 s 元 量 19527 張 -5.00 (-2.15%)

資料來源：富邦 e01 及嘉實資訊

| 圖表 8-5-5 | **布林通道應用範例③**

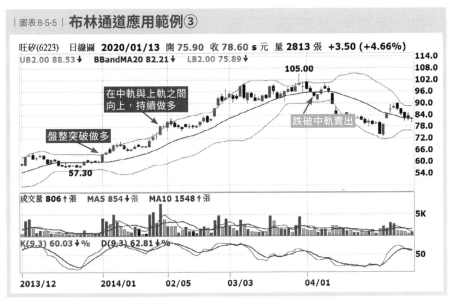

資料來源：富邦 e01 及嘉實資訊

| 圖表 8-5-6 | **布林通道應用範例④**

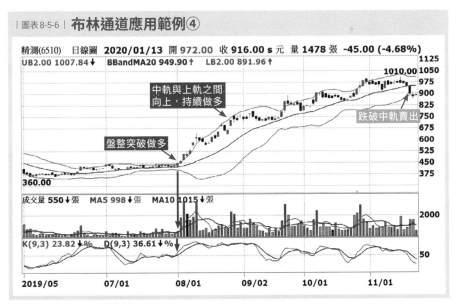

資料來源：富邦 e01 及嘉實資訊

布林通道的進階應用（趨勢＋布林＋MA5＋K線）

1. 當多頭股票上漲，布林上軌由平走揚往上張口，K線沿著布林線上軌上漲，這段上漲就是短波段的獲利，持股續抱，等到出現向下跌破MA5的黑K才停利出場。

2. 多頭趨勢不變，布林上軌、中軌保持向上，股價在上軌之上，多頭持續上漲。

3. 上軌上揚後開始走平或下彎，多頭進入盤整或急速回檔，回檔跌破中軌則易觸及下軌。

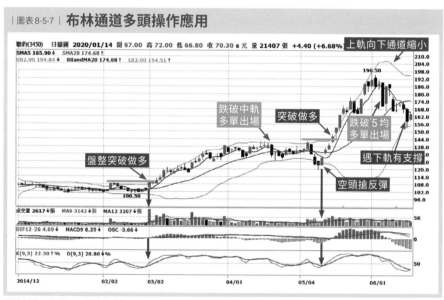

圖表8-5-7 布林通道多頭操作應用

資料來源：富邦 e01 及嘉實資訊

4. 布林通道上漲或下跌一波之後，開口收斂，趨勢橫盤整理時，K線在布林通道上、下軌震盪。之後布林通道上下軌呈現略約水平通道，當大量紅K突破盤整，布林通道會開始打開成喇叭型開口狀，股價沿上軌加速上漲，把握進場做多。

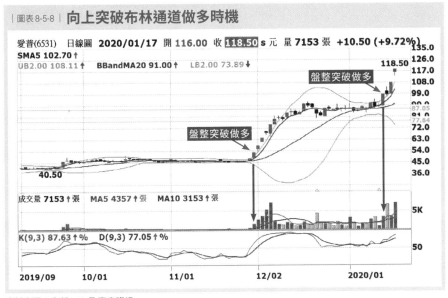

| 圖表8-5-8 | 向上突破布林通道做多時機

資料來源：富邦 e01 及嘉實資訊

5. 布林通道上漲或下跌一波之後，開口收斂，趨勢橫盤整理時，K線在布林通道上、下軌震盪。之後布林通道上下軌呈現略約水平通道，當大量黑K跌破盤整，布林通道會開始打開成喇叭型開口狀，股價沿下軌加速下跌，把握進場做空（圖表8-5-9）。

6. 當布林通道的上、中、下軌同時向上時，表示價格強勢特徵非常明顯，價格短期內將繼續上漲（圖表8-5-10）。

| 圖表 8-5-9 | 向下跌破布林通道做空時機

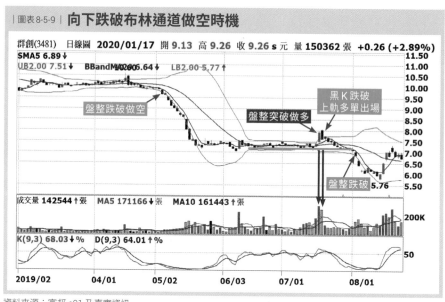

資料來源：富邦 e01 及嘉實資訊

| 圖表 8-5-10 | 布林通道 3 軌向上續漲

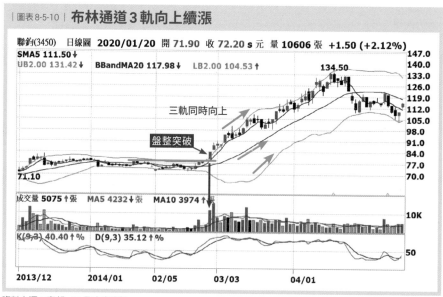

資料來源：富邦 e01 及嘉實資訊

7. 當布林通道的上、中、下軌同時向下時，表明價格的弱勢特徵非常明顯，價格短期內將繼續下跌（圖表8-5-11）。

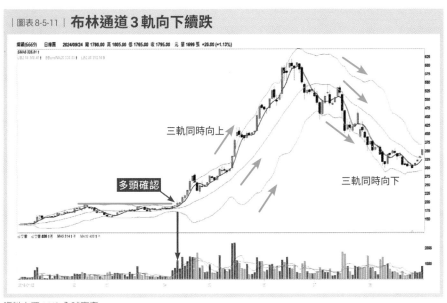

圖表8-5-11 | **布林通道3軌向下續跌**

資料來源：XQ全球贏家

8. 布林通道的上軌向上運行，而中軌和下軌同時向下的可能性非常小。

9. 當布林通道的上軌向下運行，而中軌和下軌卻還在向上運行時（通道縮小），表示價格開始回檔或漸趨於整理：

　　（1）如果價格處於長期上升趨勢，表示價格是回檔途中的強勢整理，投資人可以持股觀望或逢低回後短線買入。

　　（2）如果價格處於長期下跌趨勢，表示價格是下跌途中的弱勢整理，投資人應持空單或反彈做空。

10. 當布林通道的上、中、下軌線幾乎同時處於水平方向橫向運行時，要看價格目前的走勢處於什麼樣的情況下來判斷，最好退出觀望等待突破。

11. 操作時仍然以波浪型態趨勢方向、個人紀律為主軸，再配合布林通道通道一起使用，成功率會變得更高。

善用缺口
力量倍增

9-1

建立缺口基本觀念

在行情走勢圖中，經常看到一些往上或往下的「跳空缺口」，為什麼會出現這樣的情形？出現這樣的缺口，對後續行情走勢有什麼影響？本篇深入完整的討論缺口的形成及如何應用。

什麼是跳空缺口？

股票每天交易，正常的情況應該買賣雙方慢慢叫價，在上、下1檔的價位買進或賣出，換句話說，每個價位都應該有人完成交易。而所謂的「跳空缺口」，是指連續2個交易日中間出現沒有成交的價位，如果今日交易收盤，中間有1檔以上的價位沒有成交價，這中間的空白，稱為缺口，在一般的K線圖中明顯可見。

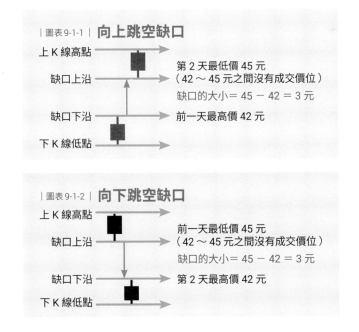

| 圖表 9-1-1 | 向上跳空缺口

上 K 線高點
缺口上沿 → 第 2 天最低價 45 元（42 ～ 45 元之間沒有成交價位）
缺口的大小＝ 45 － 42 ＝ 3 元
缺口下沿 → 前一天最高價 42 元
下 K 線低點

| 圖表 9-1-2 | 向下跳空缺口

上 K 線高點
缺口上沿 → 前一天最低價 45 元（42 ～ 45 元之間沒有成交價位）
缺口的大小＝ 45 － 42 ＝ 3 元
缺口下沿 → 第 2 天最高價 42 元
下 K 線低點

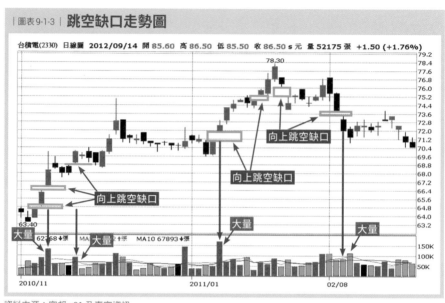

資料來源：富邦 e01 及嘉實資訊

形成缺口的原因

一、突發的利多或利空

　　例如大立光（3008）警告特斯拉侵權，順利取得訂單並立刻漲價，股價出現跳空大漲；台積電（2330）在2023年2月15日報見巴菲特因考慮地緣風險賣出持股86%，當日股價向下跳空下跌。由消息面造成的缺口，大多造成股價短期的震盪，如果是經濟政策面的消息，影響就比較遠。

|圖表 9-1-4 | **大立光（3008）利多產生向上跳空缺口**

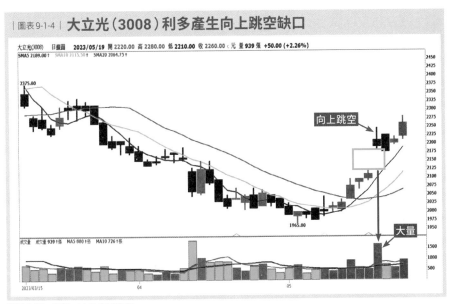

資料來源：富邦 e01 及嘉實資訊

|圖表 9-1-5 | **台積電（2330）利空產生向下跳空缺口**

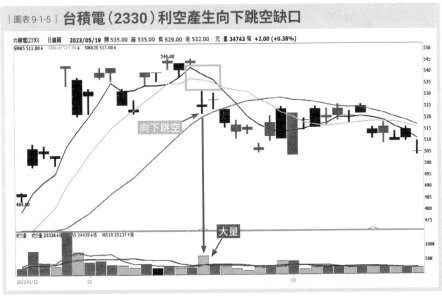

資料來源：富邦 e01 及嘉實資訊

二、主力強力做多或做空

　　主力強力做多向上拉抬，造成向上的跳空缺口，或者強力做空的下殺，造成向下跳空的缺口。由主力發動的缺口，對行情的走勢影響重大，這種缺口是我們要特別關注的缺口，必須要充分了解它代表的意義。

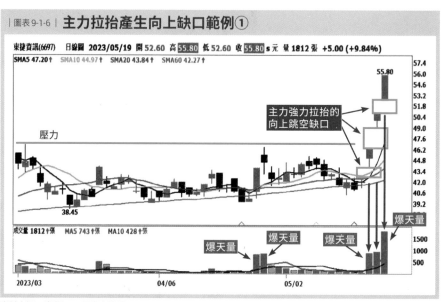

| 圖表 9-1-6 | **主力拉抬產生向上缺口範例①**

資料來源：富邦 e01 及嘉實資訊

|圖表 9-1-7| **主力拉抬產生向上缺口範例②**

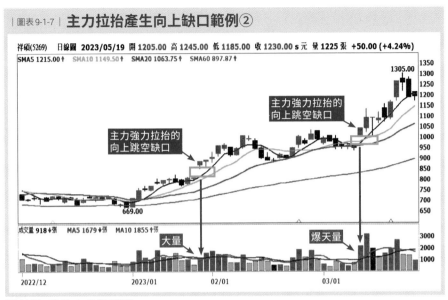

資料來源：富邦 e01 及嘉實資訊

|圖表 9-1-8| **主力拉抬產生向下缺口**

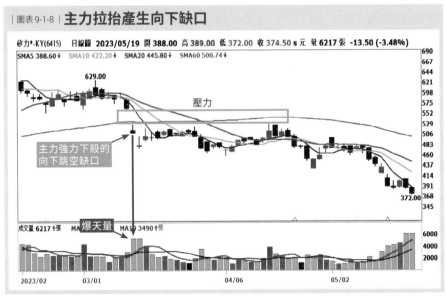

資料來源：富邦 e01 及嘉實資訊

三、除權息或增減資

　　還有一種缺口是因為股票除權除息或者增資減資造成的，這種缺口由於是公司資本額的變動而自然造成，無關市場對行情看好或看壞，所以意義不大。

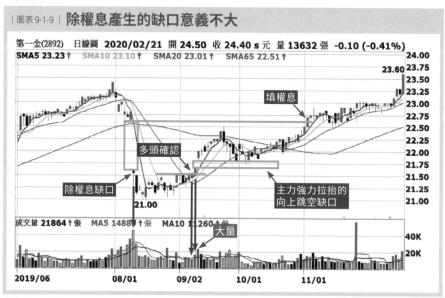

| 圖表 9-1-9 | 除權息產生的缺口意義不大

資料來源：富邦 e01 及嘉實資訊

學習筆記

9-2

向上突破缺口的研究

向上的跳空缺口一般是主力強力向上做多的表態，它比向上長紅 K 線力量還要強，所以就缺口理論而言，缺口力量大於 K 線。既然如此，出現向上缺口當然要把握行情上漲的機會，但是仍然要注意缺口產生的趨勢、位置，以及行情是否正常繼續往上上漲，才是我們對缺口的重要觀察。下面就不同位置的向上跳空缺口，所代表的意義說明。

跌深反彈的向上跳空缺口

在空頭下跌走勢當中，我們經常看到向上跳空的紅 K 棒出現，這個缺口視為強力反彈的現象，要注意是空頭的反彈，不是回升走多頭，因此不要隨便就去搶反彈做多。可以鎖股觀察後續是否多方力道轉強，或打底反轉。

跌深反彈向上跳空的紅 K 棒，注意下面的操作重點：

1. 要看反彈能否過前面的高點，如果沒有過前高，視為空頭的反彈，自然不可進場。

2. 跳空強勢反彈突破月線壓力或過前面的高點，回檔時就有機會打底，可以列入打底觀察的股票。

3. 如果向上跳空前面是連續 3 天以上的中長黑 K 急跌或連續跌停板，且爆出大量，收盤前確認當天收盤價突破前一天的高點，可以少量買進搶反彈，同時要設好停損及如何停利的策略。

|圖表 9-2-1| **跌深反彈向上跳空缺口範例①**

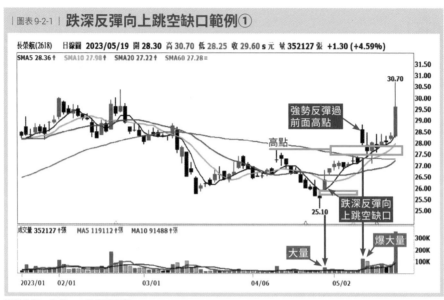

資料來源：富邦 e01 及嘉實資訊

|圖表 9-2-2| **跌深反彈向上跳空缺口範例②**

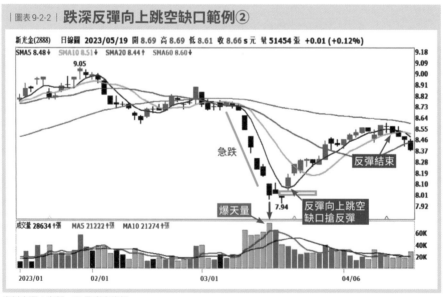

資料來源：富邦 e01 及嘉實資訊

下跌低檔出現的島型反轉

　　股價跳空向下後，股價出現低檔止跌現象，接著立即以向上跳空方式上漲，圖形看上去左右有缺口，中間下跌的股價形成顛倒形島嶼狀，故名「島型反轉」。一般而言島型反轉不常出現，一旦出現，在低檔會是大漲走勢的前兆，空單要立刻回補。

　　島型反轉的結構，可能只有1根的K線就反轉，可能2、3天後反轉，也可能較多天的盤整後反轉，盤整日期越多，日後的行情越大。島狀反轉的強勢表現有下列幾種表現：

1. 低檔反彈 島型反轉的強勢表現

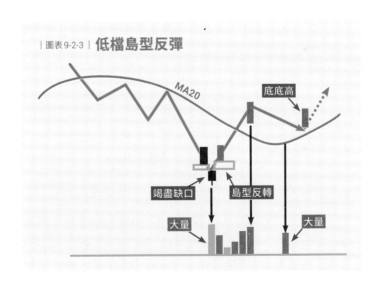

| 圖表9-2-3 | **低檔島型反彈**

2. 碎步上漲的島型反轉

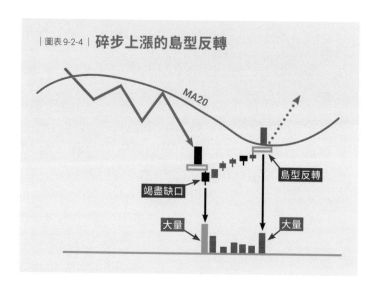

圖表 9-2-4 | 碎步上漲的島型反轉

3. 趨勢反轉 島型反轉的強勢多頭

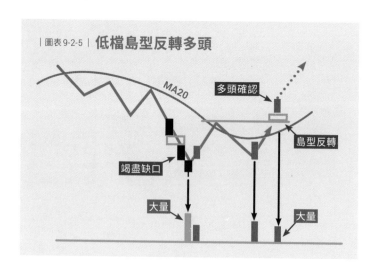

圖表 9-2-5 | 低檔島型反轉多頭

|圖表 9-2-6| **下跌低檔的島型反轉範例①**

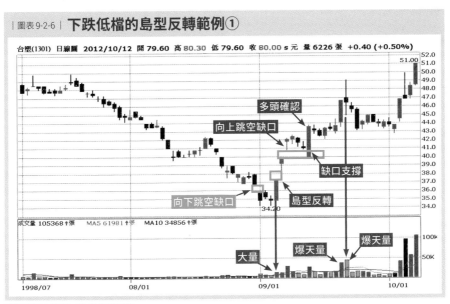

資料來源：富邦 e01 及嘉實資訊

|圖表 9-2-7| **下跌低檔的島型反轉範例②**

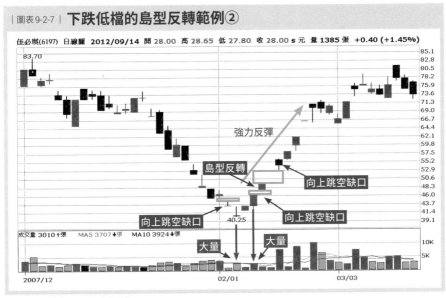

資料來源：富邦 e01 及嘉實資訊

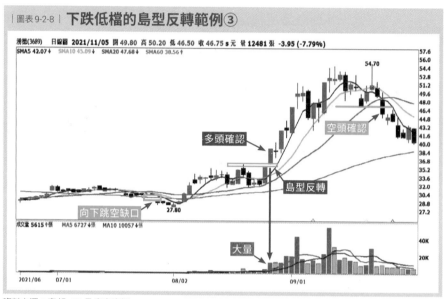

| 圖表 9-2-8 | 下跌低檔的島型反轉範例③

資料來源：富邦 e01 及嘉實資訊

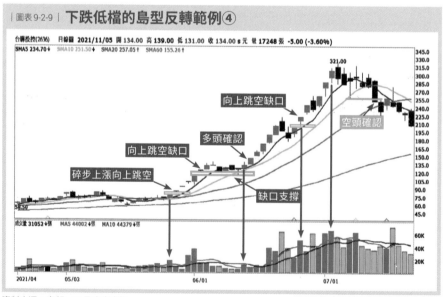

| 圖表 9-2-9 | 下跌低檔的島型反轉範例④

資料來源：富邦 e01 及嘉實資訊

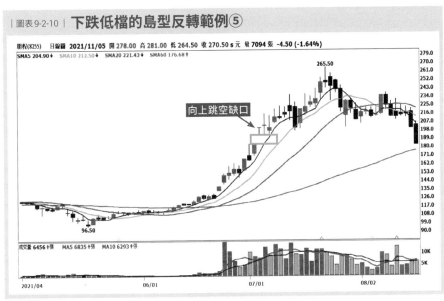

圖表9-2-10 | **下跌低檔的島型反轉範例⑤**

資料來源：富邦 e01 及嘉實資訊

底部打底盤整區域的缺口

在底部盤整區域出現的缺口稱為「區域缺口」或「普通缺口」，大多因消息面影響或短期買賣不平衡而出現，很容易在1、2天就封閉，無法產生突破的力道或助漲力道，對技術分析意義不大，後續盤整區中的缺口均視為「區域缺口」或「普通缺口」

底部打底完成的向上跳空缺口

當底部打底完成，出現向上突破的跳空缺口稱為「突破缺口」，是主力強勢做多的表態，這種跳空缺口意義重大，屬於強力買進的

訊號。底部盤整突破的缺口操作重點如下：

1.「向上突破」需要明顯的大量配合，而且成交量要持續增加，這種出大量的向上跳空，通常容易繼續上漲，短時間不會回補。

2. 突破的缺口開口幅度越大，漲勢力道越強。所以跳空漲停的力道最強，往往讓空手投資人措手不及買進，或空單來不及回補而被軋空，造成股價快速上漲。

3. 向上突破缺口固然是令人期待的上漲行情，但是仍然要注意後面幾天的股價表現是否如預期上漲，如果缺口在 3 天內跌回起漲點，把缺口回補，小心是「假突破」。因此，打底完成，出現向上突破的跳空缺口，固然樂觀看待，按照進場紀律買進，但操作上仍然要有風險意識，設好停損，嚴守紀律。

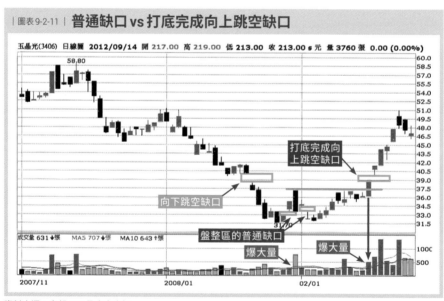

|圖表 9-2-11| **普通缺口 vs 打底完成向上跳空缺口**

資料來源：富邦 e01 及嘉實資訊

| 圖表 9-2-12 | 打底完成向上跳空缺口範例①

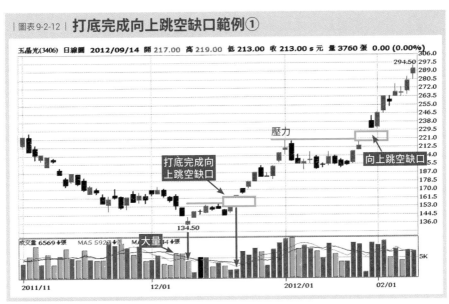

資料來源：富邦 e01 及嘉實資訊

| 圖表 9-2-13 | 打底完成向上跳空缺口範例②

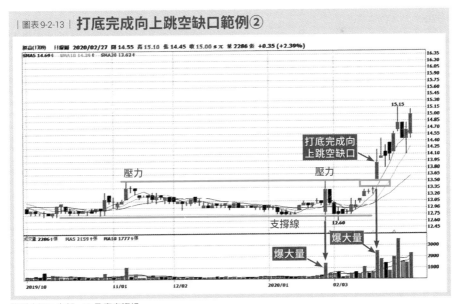

資料來源：富邦 e01 及嘉實資訊

| 圖表 9-2-14 | 打底完成向上跳空缺口範例③

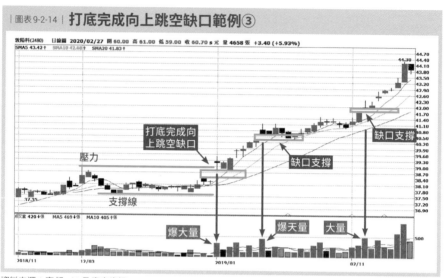

資料來源：富邦 e01 及嘉實資訊

| 圖表 9-2-15 | 跳空缺口的綜合應用

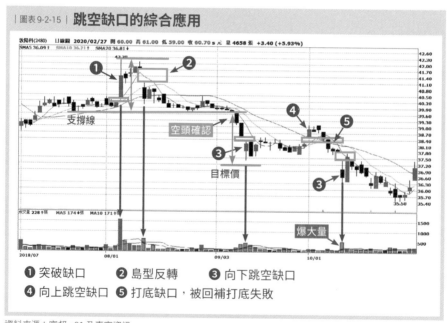

❶ 突破缺口　　❷ 島型反轉　　❸ 向下跳空缺口
❹ 向上跳空缺口　　❺ 打底缺口，被回補打底失敗

資料來源：富邦 e01 及嘉實資訊

上漲行進中的跳空缺口

當多頭打底完成，趨勢形成之後股價往上上漲，在上漲過程中，時常會出現向上的跳空缺口，這些行進中的缺口，只要不回補，自然是強勢上漲的狀況，股價還會繼續上漲。但是要注意，如果幾天內就回補，缺口就失去攻擊的功能，如果多頭架構沒有改變，仍然是多頭趨勢，只是趨勢走弱。

股價上漲了一段之後，在關鍵位置出現向上的跳空缺口繼續上漲，這種中繼的強力向上缺口，一般稱為「逃逸缺口」或稱為「量測缺口」，表示行情還會有大約等同前面上漲幅度的那一段上漲行情，當然，這只是經驗值，絕對不是百分之百準確。

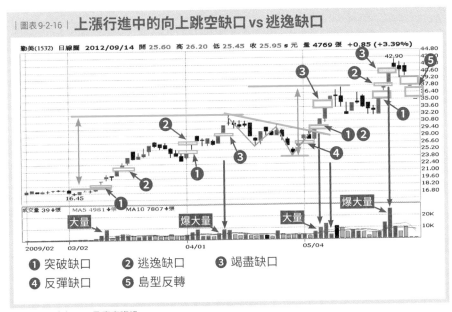

| 圖表 9-2-16 | **上漲行進中的向上跳空缺口 vs 逃逸缺口**

❶ 突破缺口　　❷ 逃逸缺口　　❸ 竭盡缺口
❹ 反彈缺口　　❺ 島型反轉

資料來源：富邦 e01 及嘉實資訊

趨勢高檔或末升段的竭盡缺口

在上漲趨勢到高檔或是末升段，經常出現強力向上的跳空缺口上漲，此時資金後續動能漸漸耗盡，是上漲行情就要結束的訊號，所以此缺口稱為「向上竭盡缺口」。

竭盡缺口代表狂升的後段，此時投資人一窩蜂追高搶買，所造成的跳空情形，表示多頭的力道剩下最後一口氣，靜待行情轉折，是另一波段的好機會。

判斷是否是竭盡缺口，由下面幾個重點觀察：

1. 位置：缺口出現在連續上漲的高檔，或波段的末升段。

2. 爆量：在缺口的附近 1、2 天，出現爆量上漲的長紅 K 或跳空上漲的紅 K，後面幾天出現量明顯縮減的小幅價漲、價平或價跌，都顯示後繼無力。

3. 回補：出現缺口的 2、3 天，股價不漲或回跌，回補缺口。

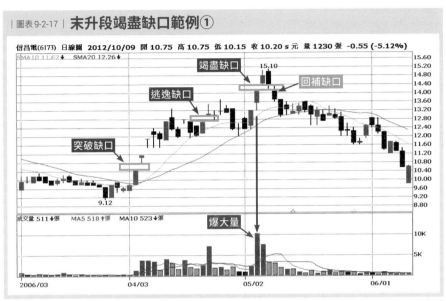

|圖表 9-2-17| **末升段竭盡缺口範例①**

資料來源：富邦 e01 及嘉實資訊

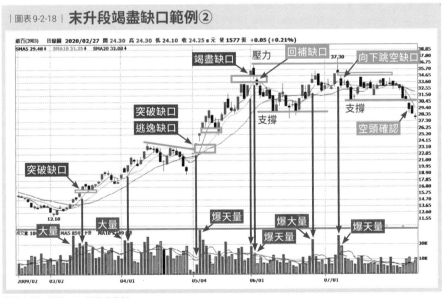

|圖表 9-2-18| **末升段竭盡缺口範例②**

資料來源：富邦 e01 及嘉實資訊

9-3

向下跌破缺口的研究

向下的跳空缺口一般是主力強力向下做空的表態，它比向下長黑 K 線還要強，所以就缺口理論而言，缺口大於 K 線。既然如此，出現向下缺口當然要把握行情下跌的機會，但是仍然要注意缺口產生的位置，以及行情是否正常往下下跌，才是我們對缺口重要的觀察。下面就不同位置的缺口，所代表的意義說明。

漲多回檔的向下跳空缺口

在多頭上漲走勢當中，我們經常看到向下跳空的黑 K 棒出現，這個缺口視為強力回檔的現象，要注意是多頭的回檔，不是空頭下跌，因此不要隨便做空。

這種的回檔向下跳空的黑 K 棒，注意下面的操作重點：

1. 要看回檔是否跌破前面的低點，如果沒有跌破前面的低點，視為多頭回檔，自然不可進場做空。

2. 跳空強勢回檔跌破前面低點，出現「底底低」，再反彈如果沒有突破前高就出現「頭頭低」，反轉空頭確認。

3. 如果向下跳空前出現連續 3 天以上中長紅 K 的急漲或連續漲停板，且爆出大量，收盤前確認當天收盤價跌破昨天低點，可以少量做空搶急漲後的回檔，同時進場黑 K 的高點為做停損，用 K 線戰法做停利的依據。

4. 漲多出現向上跳空缺口，幾天內股價又出現大量反轉向下的跳空缺口，我們稱為島型反轉，容易強勢回檔，可以少量做空。

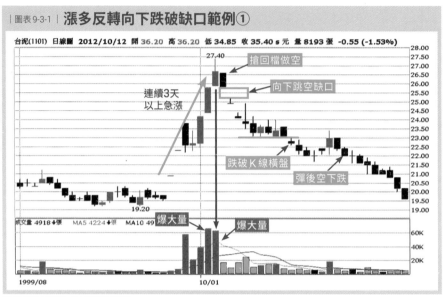

圖表 9-3-1 | 漲多反轉向下跌破缺口範例①

資料來源：富邦 e01 及嘉實資訊

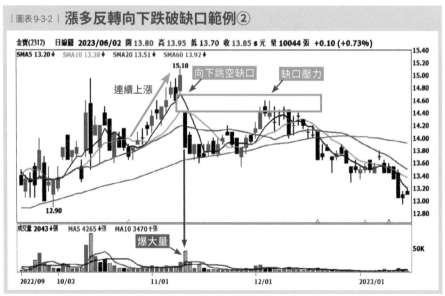

圖表 9-3-2 | 漲多反轉向下跌破缺口範例②

資料來源：富邦 e01 及嘉實資訊

上漲高檔出現的島型反轉

　　股價跳空向上後，股價出現高檔無力現象，接著立即以向下跳空方式下跌，圖形看上去左右有缺口，中間高出的股價形成海上島嶼狀，故名「島型反轉」。一般而言島型反轉不常出現，一旦出現，在高檔會是大跌走勢，也是「必殺做空」的好機會。

　　島型反轉的結構，可能只有1根的K線就反轉，可能2、3天後反轉，也可能較多天的盤整後反轉，盤整日期越多，日後的行情越大。

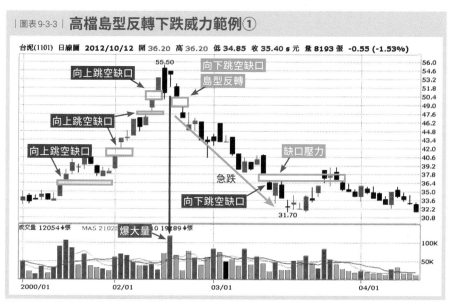

│圖表9-3-3│ **高檔島型反轉下跌威力範例①**

資料來源：富邦 e01 及嘉實資訊

| 圖表 9-3-4 | **高檔島型反轉下跌威力範例②**

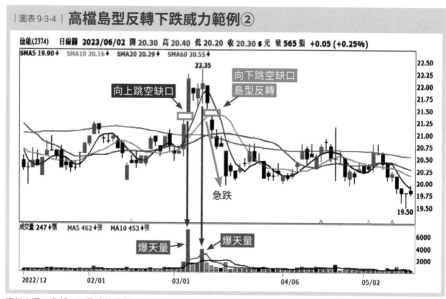

資料來源：富邦 e01 及嘉實資訊

| 圖表 9-3-5 | **高檔島型反轉下跌威力範例③**

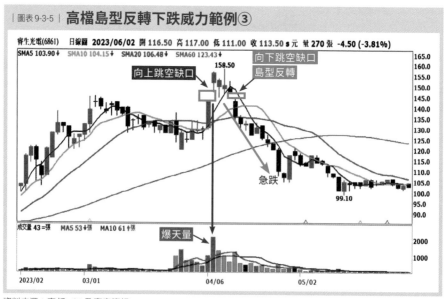

資料來源：富邦 e01 及嘉實資訊

頭部做頭完成的向下跳空缺口

頭部做頭完成，出現向下跌破的跳空缺口，是主力強勢做空的表態，這種跳空缺口意義重大，屬於強力做空的訊號。當出現這樣的缺口，要如何觀察走勢及操作的重點如下：

1. 多頭上漲出現「頭頭低」的第 2 個頭如果是跳空下跌黑 K，後續反轉空頭的機率很大，持有多單要立刻出場。

2. 「向下跳空跌破」不需要明顯的大量配合，換句話說，有沒有大量的向下跳空，通常都是下跌的表態，空頭的確認。

3. 向下跌破的缺口開口幅度越大，下跌訊號越明顯，就是多頭的結束。

4. 向下跌破缺口固然是令人期待的下跌行情，但是仍然要注意後面幾天的股價表現是否如預期下跌，如果缺口在 3 天內漲回起跌點，把缺口回補，小心是「假跌破」。因此，做頭完成，出現向下跌破的跳空缺口，按照進場紀律做空，但操作上仍然要有風險意識，設好停損，嚴守紀律。

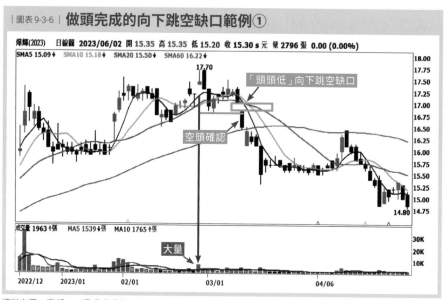

圖表 9-3-6 做頭完成的向下跳空缺口範例①

資料來源：富邦 e01 及嘉實資訊

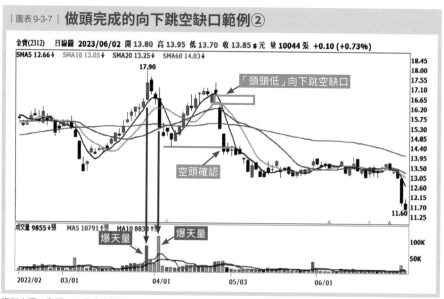

圖表 9-3-7 做頭完成的向下跳空缺口範例②

資料來源：富邦 e01 及嘉實資訊

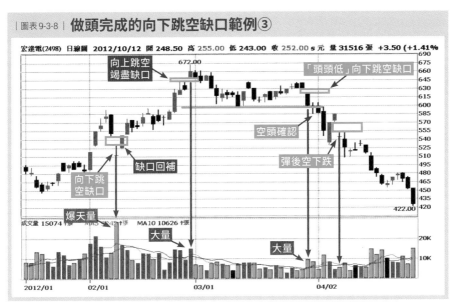

|圖表9-3-8| **做頭完成的向下跳空缺口範例③**

資料來源：富邦 e01 及嘉實資訊

下跌行進中的跳空缺口

　　當空頭頭部完成，趨勢形成之後股價往下下跌，在下跌過程中，時常會出現向下的跳空缺口，這些行進中的缺口，只要不回補，自然是強勢下跌的狀況，股價還會繼續下跌，但是要注意，如果幾天內就回補，缺口就失去下跌的功能，如果空頭架構沒有改變，仍然是空頭趨勢，只是下跌強度減弱。

　　股價下跌了一段之後，在關鍵位置出現向下的跳空缺口繼續下跌，這種中繼的強力向下缺口，一般稱為「逃逸缺口」或稱為「量測缺口」，表示行情還會有大約等同前面下跌幅度的那一段下跌行情，當然，這只是經驗值，絕對不是百分之百準確。

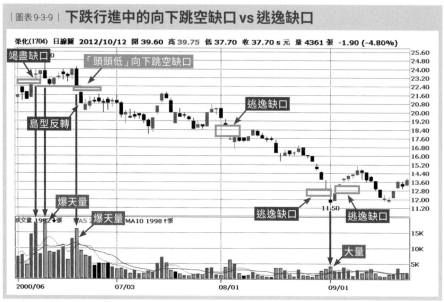

|圖表9-3-9| **下跌行進中的向下跳空缺口 vs 逃逸缺口**

資料來源：富邦 e01 及嘉實資訊

下跌低檔或末跌段的竭盡缺口

　　下跌趨勢到低檔或是末跌段，經常出現強力向下的「跳空缺口」下跌，此時資金後續動能漸漸增加，是下跌行情就要結束的訊號，所以此缺口稱為「向下竭盡缺口」。

　　竭盡缺口代表狂跌的後段，此時投資人一窩蜂殺低搶賣造成的跳空情形，表示空頭力道剩下最後一口氣，此時靜待行情的轉折，是另一波段的好機會。

　　判斷是否是竭盡缺口，由下面幾個重點觀察：

　　1. 位置：缺口出現在連續下跌的低檔，或波段的末跌段。

　　2. 爆量：在缺口的附近 1、2 天，出現爆量下跌的長黑 K 或跳

空下跌的黑K，後面幾天出現量明顯縮減的小幅價漲，價平或價
跌，都顯示後繼下跌無力。

　　3. 回補：出現缺口的2、3天，股價不跌或回漲，回補缺口。

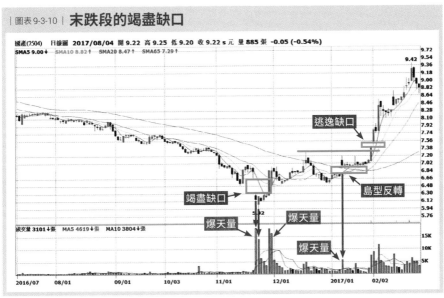

| 圖表 9-3-10 | **末跌段的竭盡缺口**

資料來源：富邦 e01 及嘉實資訊

9-4

缺口、成交量、支撐與壓力

▌缺口支撐與壓力的多空變化

　　多頭向上的跳空缺口，如果出現大量，是強力向上的訊號，日後對股價回檔的支撐力強，如果股價跌破缺口的下沿，對股價造成的壓力也大；相對的，無量向上的跳空缺口，支撐力道弱，因此我們經常看到無量向上的漲停板，日後反轉下跌時多無支撐，呈現跌停板的急速下跌。

　　此外，股價進入有大量的缺口時會多空交戰，股價容易出現忽漲忽跌，震盪加大。

|圖表 9-4-1| **大量向上缺口強力上漲範例①**

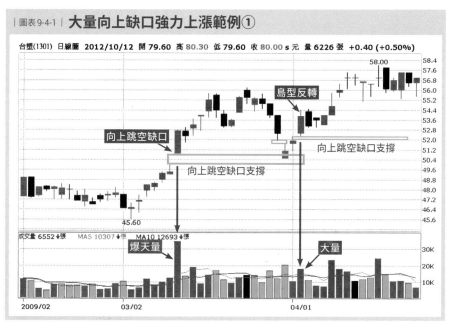

資料來源：富邦 e01 及嘉實資訊

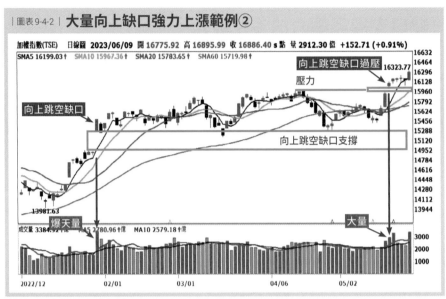

資料來源：富邦 e01 及嘉實資訊

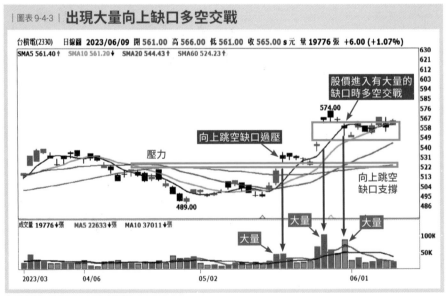

資料來源：富邦 e01 及嘉實資訊

　　缺口是強力向上或向下的表現，經常在關鍵位置出現，因此缺口也是重要支撐與壓力的位置，同時可以觀察多空力道的變化。

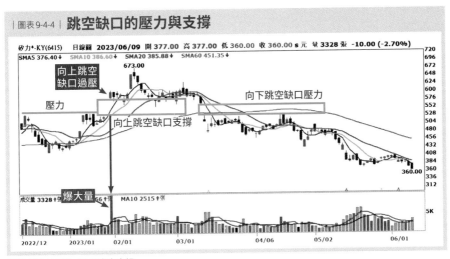

| 圖表9-4-4 | 跳空缺口的壓力與支撐

資料來源：富邦 e01 及嘉實資訊

向上跳空缺口的支撐變化

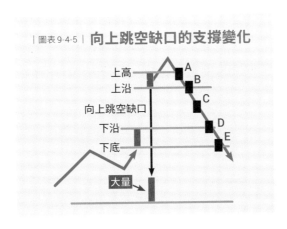

| 圖表9-4-5 | 向上跳空缺口的支撐變化

1. 放量的向上跳空缺口是強力上漲的表現，因此日後回跌時是重要支撐位置。

2. 上漲時，出現放量的向上缺口，股價繼續上漲是正常走勢，當股價回跌時要觀察形成缺口的幾個重要支撐位置，研判走勢的強弱是否有改變（圖表 9-4-5）：

(1) 上高價（缺口上漲後的紅 K 線高點）是最強的支撐位置，回跌如果收盤跌破上高價（位置 A），多頭氣勢轉弱。

(2) 上沿價（缺口上漲後的紅 K 線低點）是次強的支撐位置，回跌如果收盤跌破上沿價（位置 B），股價跌入缺口，在缺口區間容易多空拉鋸，上下震盪（位置 C），如果缺口被空方回補，當時多頭向上缺口的強力上漲氣勢改變成一般的多頭而已。

(3) 下沿價（缺口上漲前的紅 K 線高點）是較弱的支撐位置，回跌如果收盤跌破下沿價（位置 D），股價跌破缺口，而且伸入缺口上漲前的紅 K 線的實體，多頭上漲的氣勢完全轉弱，要特別小心「下底價」不能被跌破。

(4) 下底價（缺口上漲前的紅 K 線低點）是最弱的支撐位置，回跌如果收盤跌破下底價（位置 E），股價跌破上漲前的紅 K 線的實體最低點，多空易位，行情轉由空方主導。

| 圖表 9-4-6 | **向上跳空缺口的支撐變化範例①**

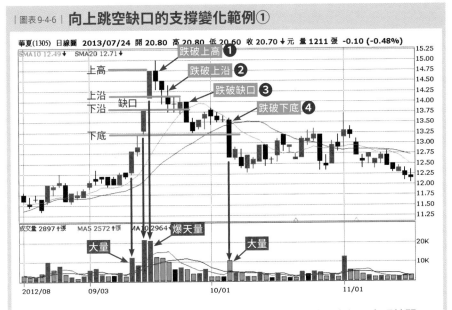

① 大量向上跳空缺口後，股價正常要上攻，當日股價跌破上高價，多頭轉弱。

② 當天股價跌破上沿價，進入缺口，多空拉鋸了 3 天，缺口已經被回補，已不再是強勢多頭。

③ 當天長黑 K 跌破下沿價，多頭成為弱勢。

④ 當天大量長黑 K 直接跌破下底價，多空易位，趨勢反轉成為空頭。

資料來源：富邦 e01 及嘉實資訊

|圖表 9-4-7| **向上跳空缺口的支撐變化範例②**

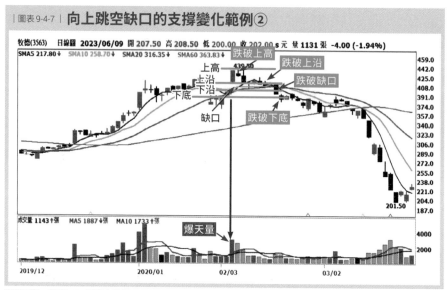

資料來源：富邦 e01 及嘉實資訊

|圖表 9-4-8| **向上跳空缺口的支撐變化範例③**

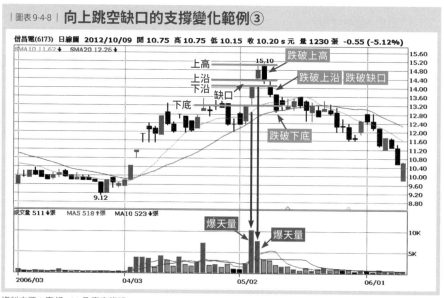

資料來源：富邦 e01 及嘉實資訊

向下跳空缺口的壓力變化

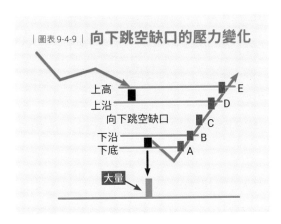

|圖表9-4-9| 向下跳空缺口的壓力變化

1. 放量的向下跳空缺口是強力下跌的表現,因此日後反彈時是重要壓力位置。

2. 下跌時,出現放量的向下缺口,股價繼續下跌是正常走勢,當股價回升時要觀察形成缺口的幾個重要壓力位置,研判走勢的強弱是否有改變(圖表9-4-9)。

(1)下底價(缺口下跌後的黑K線低點)是最強的壓力位置,反彈如果收盤突破下沿價(位置A),空頭氣勢轉弱。

(2)下沿價(缺口下跌後的黑K線高點)是次強的壓力位置,反彈如果收盤突破下沿價(位置B),股價進入缺口,在缺口區間容易多空拉鋸,上下震盪(位置C),如果缺口被多方回補,當時空頭向下缺口的強力下跌的氣勢改變成一般的空頭走勢。

（3）上沿價（缺口下跌前的黑 K 線低點）是較弱的壓力位置，反彈如果收盤突破上沿價（位置 D），股價突破缺口，而且進入缺口上漲前的黑 K 線的實體，空頭下跌的氣勢完全轉弱，要特別小心「上高價」不能被突破。

（4）上高價（缺口下跌前的黑 K 線高點）是最弱的壓力位置，反彈如果收盤突破上高價（位置 E），股價突破下跌前黑 K 線的實體最高點，空多易位，行情轉由多方主導。

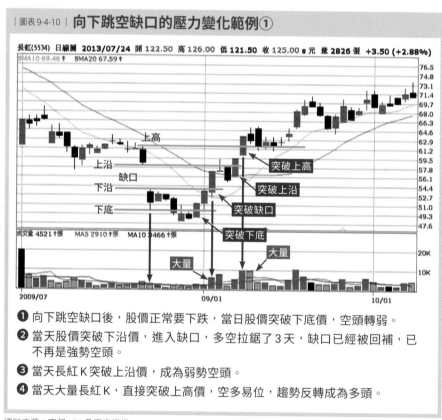

| 圖表9-4-10 | 向下跳空缺口的壓力變化範例①

❶ 向下跳空缺口後，股價正常要下跌，當日股價突破下底價，空頭轉弱。

❷ 當天股價突破下沿價，進入缺口，多空拉鋸了3天，缺口已經被回補，已不再是強勢空頭。

❸ 當天長紅 K 突破上沿價，成為弱勢空頭。

❹ 當天大量長紅 K，直接突破上高價，空多易位，趨勢反轉成為多頭。

資料來源：富邦 e01 及嘉實資訊

| 圖表 9-4-11 | **向下跳空缺口的壓力變化範例②**

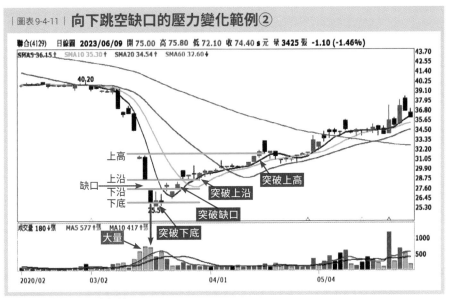

資料來源：富邦 e01 及嘉實資訊

| 圖表 9-4-12 | **向下跳空缺口的壓力變化範例③**

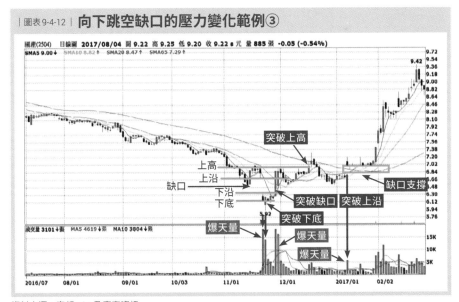

資料來源：富邦 e01 及嘉實資訊

9-5

缺口的進階應用

缺口之上見長紅K

1. 缺口之上見長紅K，必有漲幅，拉回做多。向上跳空缺口出現長紅K，是多頭強力的表現，股價只要回跌不破缺口「上沿價」，以做多方向為主，拉回做多。

2. 缺口之上見長紅K，後續在長紅K二分之一價之上，收盤價之下高處橫盤，是強勢整理，隨時都會上漲。

3. 缺口之上見長紅K，後續在長紅K收盤價之上橫盤，是強勢整理，注意發動上漲時可以追進。

4. 強勢橫盤整理時，最容易發動的時間在橫盤的第1、3、5、8、13日的次日。

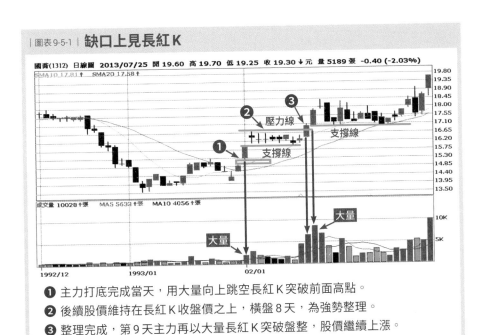

|圖表9-5-1| **缺口上見長紅K**

❶ 主力打底完成當天，用大量向上跳空長紅K突破前面高點。
❷ 後續股價維持在長紅K收盤價之上，橫盤8天，為強勢整理。
❸ 整理完成，第9天主力再以大量長紅K突破盤整，股價繼續上漲。

資料來源：富邦 e01 及嘉實資訊

缺口之下見長黑 K

1. 缺口之下見長黑 K，必有跌幅，反彈做空。向下跳空缺口出現長黑 K，是空頭強力的表現，股價只要反彈不破缺口「下沿價」，以做空方向為主，反彈做空。

2. 缺口之下見長黑 K，後續在長黑 K 二分之一價之下，收盤價之上低處橫盤，是弱勢整理，隨時都會下跌。

3. 缺口之下見長黑 K，後續在長黑 K 收盤價之下橫盤，是弱勢整理，注意發動下跌時可以追空。

4. 弱勢橫盤整理時，最容易發動的時間在橫盤的第 1、3、5、8、13 日的次日。

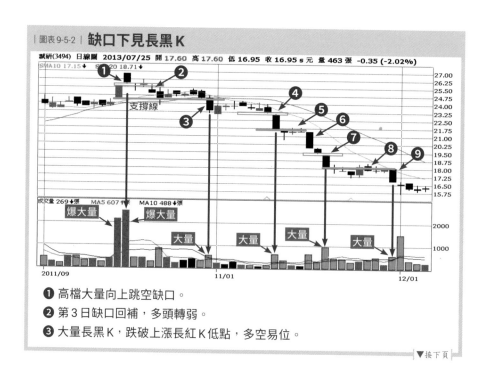

圖表 9-5-2 **缺口下見長黑 K**

❶ 高檔大量向上跳空缺口。
❷ 第 3 日缺口回補，多頭轉弱。
❸ 大量長黑 K，跌破上漲長紅 K 低點，多空易位。

▼接下頁

▼

❹ 向下跳空缺口見長黑。

❺ 連續3日在長黑K收盤下面盤整，隨時都會下跌。

❻ 大量長黑K跌破橫盤，股價繼續下跌。

❼ 向下跳空缺口見長黑。

❽ 連續7日在長黑K收盤下面盤整，隨時都會下跌。

❾ 大量長黑K跌破橫盤，股價繼續下跌。

資料來源：富邦 e01 及嘉實資訊

▌認識「真封口」

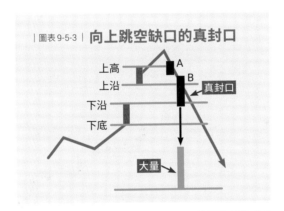

| 圖表 9-5-3 | 向上跳空缺口的真封口

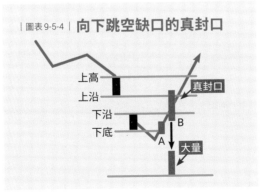

| 圖表 9-5-4 | 向下跳空缺口的真封口

重點說明：

　　1. 向上跳空缺口，如果在近日內股價拉回出現大量的實體黑 K
（圖表9-5-3），收盤到缺口下沿或跌破缺口下沿，此向上跳空缺
口被真封口（回補）。

　　2. 向下跳空缺口，如果在近日內股價回升出現大量的實體紅 K
線（圖表9-5-4），收盤到缺口上沿或突破缺口上沿，此向下跳空
缺口被真封口（回補）。

　　3. 向上或向下的跳空缺口如果被真封口，該缺口的特性就消
失，換句話說這個缺口就不具支撐或壓力了。

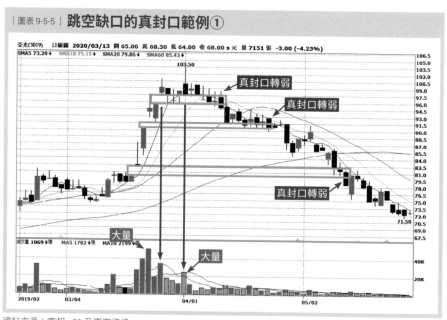

圖表 9-5-5 跳空缺口的真封口範例①

資料來源：富邦 e01 及嘉實資訊

| 圖表9-5-6 | **跳空缺口的真封口範例②**

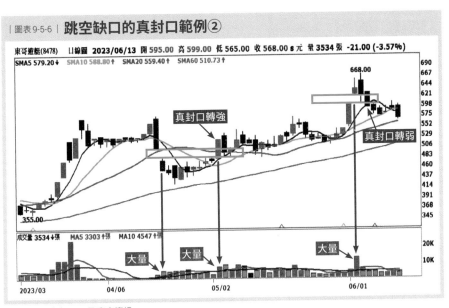

資料來源：富邦 e01 及嘉實資訊

| 圖表9-5-7 | **跳空缺口的真封口範例③**

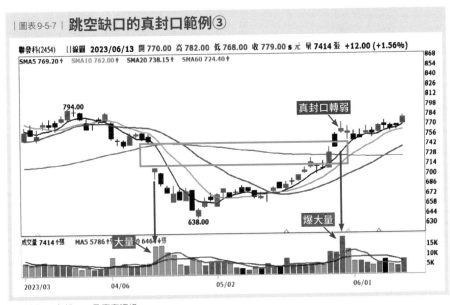

資料來源：富邦 e01 及嘉實資訊

▌認識「假封口」

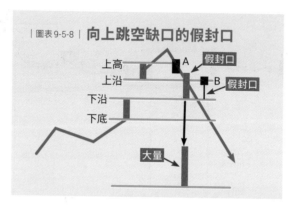

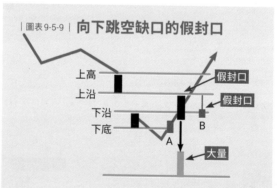

　　1. 向上跳空缺口，回補缺口的黑 K 留有長下影線，或者回補缺口呈現大量紅 K，或者出現量縮（圖表 9-5-8），都容易是假的封口（回補）。

　　2. 向下跳空缺口，回補缺口的紅 K 留有長上影線，或者回補缺口呈現大量黑 K，或者出現量縮（圖表 9-5-9），都容易是假的封口（回補）。

| 圖表 9-5-10 | **跳空缺口的假封口範例①**

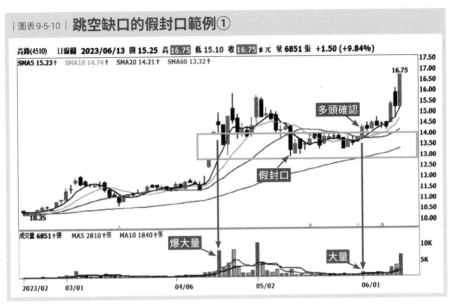

資料來源：富邦 e01 及嘉實資訊

| 圖表 9-5-11 | **跳空缺口的假封口範例②**

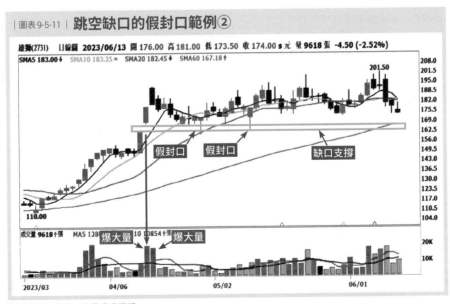

資料來源：富邦 e01 及嘉實資訊

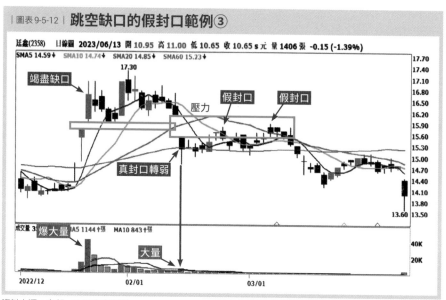

圖表 9-5-12 **跳空缺口的假封口範例③**

資料來源：富邦 e01 及嘉實資訊

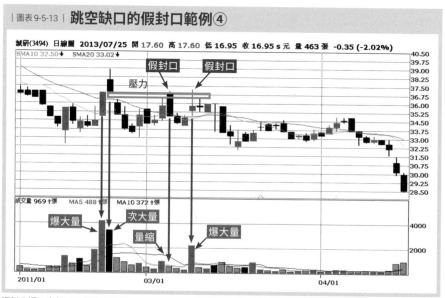

圖表 9-5-13 **跳空缺口的假封口範例④**

資料來源：富邦 e01 及嘉實資訊

上有缺下有口的多空交鋒

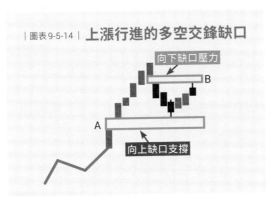

|圖表 9-5-14| **上漲行進的多空交鋒缺口**

向下缺口壓力

B

A

向上缺口支撐

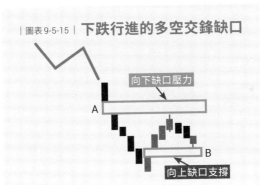

|圖表 9-5-15| **下跌行進的多空交鋒缺口**

向下缺口壓力

A

B

向上缺口支撐

　　1. 上漲走勢出現向上跳空缺口，之後上漲一段，回跌出現向下跳空缺口，股價處在上面有缺口壓力，下面有缺口支撐的區間震盪，必須有一方的缺口被回補突破或跌破，多空才明朗。

　　2. 下沿走勢出現向下跳空缺口，之後下跌一段，反彈出現向上跳空缺口，股價處在上面有缺口壓力，下面有缺口支撐的區間震盪，必須有一方的缺口被回補突破或跌破，多空才明朗。

| 圖表 9-5-16 | **多空交鋒的缺口範例**

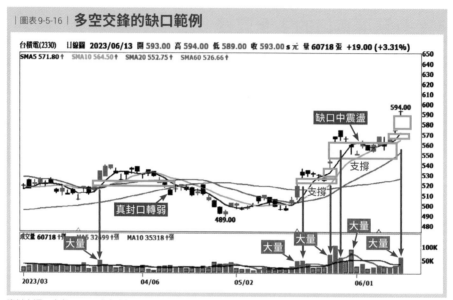

資料來源：富邦 e01 及嘉實資訊

向上 3 日 2 缺口要大漲

1. 多頭打底時無論是第 1 支腳或第 2 支腳，出現上漲連 3 紅 K，而且是 3 日出現 2 缺口，當底部完成，是一支強勢多頭股票，要鎖股做多。

2. 多頭上漲關鍵起漲的位置，連續 3 日向上出現 2 個跳空缺口，是主力強力做多的宣示，只要缺口沒有被回補，股價容易大漲。

3. 行進出現 3 日 2 缺口，只要高檔爆量後不跌，股價容易再漲一波。

4. 多頭上漲到高檔，出現 3 日 2 缺口，同時爆大量，要特別注意股價不漲或下跌，及向上缺口是否被回補。

| 圖表 9-5-17 | **連續向上缺口的漲勢①**

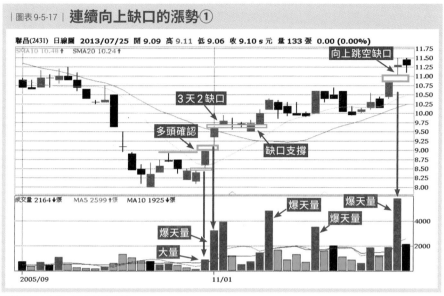

資料來源：富邦 e01 及嘉實資訊

| 圖表 9-5-18 | **連續向上缺口的漲勢②**

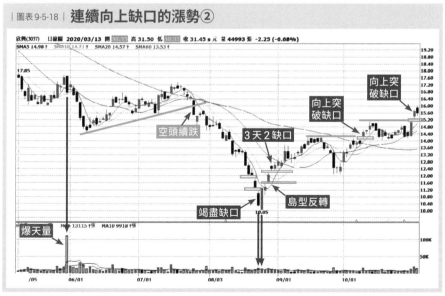

資料來源：富邦 e01 及嘉實資訊

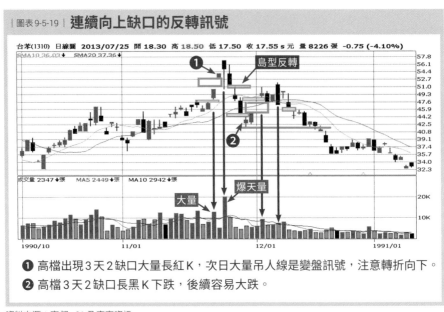

|圖表9-5-19| **連續向上缺口的反轉訊號**

❶ 高檔出現 3 天 2 缺口大量長紅 K，次日大量吊人線是變盤訊號，注意轉折向下。
❷ 高檔 3 天 2 缺口長黑 K 下跌，後續容易大跌。

資料來源：富邦 e01 及嘉實資訊

向下 3 日 2 缺口要大跌

1. 空頭做頭時無論是第 1 個頭或第 2 個頭，出現下跌連 3 黑 K，而且是 3 日出現 2 缺口，當頭部完成，是一支弱勢空頭股票，要鎖股做空。

2. 空頭下跌起跌的位置，連續 3 日向下出現 2 個跳空缺口，是主力強力做空的宣示，只要缺口沒有被回補，股價容易大跌。

3. 下跌行進出現 3 日 2 缺口，若是低檔爆量後不漲，股價容易再跌一波。

4. 空頭下跌到低檔，出現 3 日 2 缺口，同時爆大量，要特別注意股價容易反彈。

| 圖表9-5-20 | 連續向下缺口的跌勢①

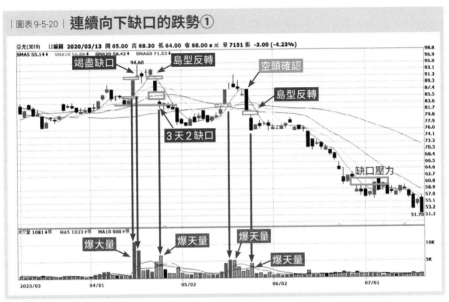

資料來源：富邦 e01 及嘉實資訊

| 圖表9-5-21 | 連續向下缺口的跌勢②

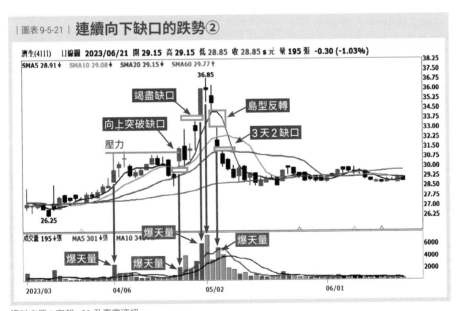

資料來源：富邦 e01 及嘉實資訊

活用技術分析寶典 下

飆股上校朱家泓 40 年實戰精華 從 K 線、均線到交易高手的養成祕笈

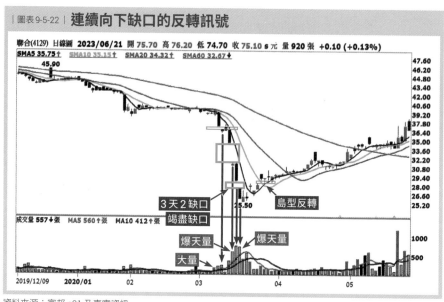

| 圖表 9-5-22 | 連續向下缺口的反轉訊號

資料來源：富邦 e01 及嘉實資訊

認識「隱形缺口」

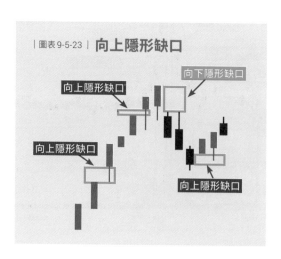

| 圖表 9-5-23 | 向上隱形缺口

254

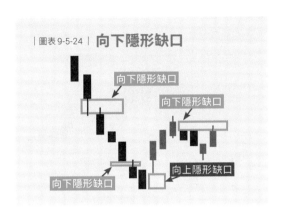

| 圖表 9-5-24 | 向下隱形缺口

隱形缺口是次日開盤價與前一日收盤價出現向上或向下的跳空，到收盤時沒有回補此跳空，這個跳空為隱形缺口，在技術分析上同樣具有一般缺口的支撐、壓力，或轉強、轉弱的功能。

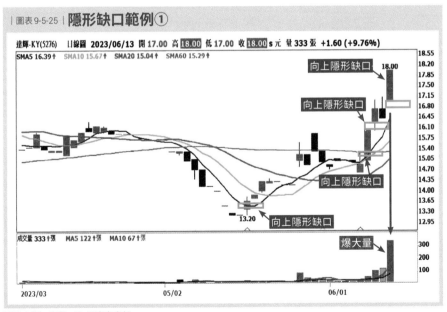

| 圖表 9-5-25 | 隱形缺口範例①

資料來源：富邦 e01 及嘉實資訊

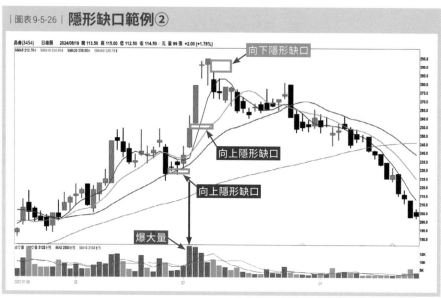

| 圖表 9-5-26 | 隱形缺口範例②

資料來源：XQ 全球贏家

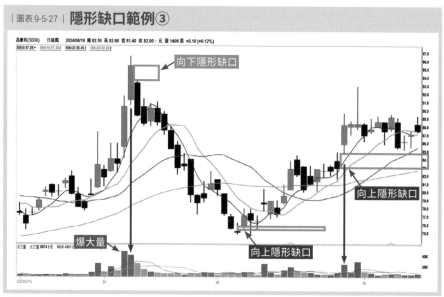

| 圖表 9-5-27 | 隱形缺口範例③

資料來源：XQ 全球贏家

Part 10
選股篇

股市獲利的
第一步

10-1

建立對股市的
正確認識

在前導篇提到，一家公司的基本面只有 1 個版本（除非是財報造假的地雷股），公司基本面的資本額、本益比、淨值、營收等等經濟數據，都是客觀的具體數字統計，這些卻無法囊括市場的心理面。但是絕大多數時間，市場都在心理情緒的主導下進行交易，否則怎麼有人看好買進的同時，會有人看壞賣出呢（一買一賣才能成交）？

賠錢公司股價也可能大漲

技術分析呈現的是理性與非理性交易的結果，所以經常遇到基本面很好的股票，買進後卻一直下跌，但是一些沒有基本面，營收還在賠錢的公司，有一天突然急速上漲，而且一直漲不停……這說明市場本身就存在許多波動的因素，所有背後的因素，最後透過投資人的交易真實反映市場的現況，也反映在技術分析的走勢圖上。

舉列來說，金麗科（3228）是一家股本 6.98 億元的小型 IC 設計公司，2023 年 7 ～ 12 月營收出現連續衰退（圖表 10-1-1），但是股價在 2023 年 11 月 3 日上漲收盤 131 元，並一路上漲到 2024 年 2 月 19 日的最高點 542 元，漲了 413%（圖表 10-1-2），呈現非理性的飆漲。

使用技術面操作股票，要記住 2 句話：

1. 公司沒有好壞，只有多空：多頭不斷上漲，空頭一直下跌，因此，多頭做多可以賺錢，空頭做空一樣可以賺錢。

2. 股價沒有高低，只有多空：多頭不斷創新高，空頭一直破新低，因此，多頭不要猜頭，空頭不要摸底。

| 圖表 10-1-1 | **金麗科（3228）獲利表現**

年 / 月	單月營收 （百萬元）	單月月增率 （%）	單月年增率 （%）	累計年增率 （%）	每股盈餘 （元）
2023/07	25.1	-8.7	-17.4	-42.8	-0.99
2023/08	24	-4.4	15.4	-39.2	-0.99
2023/09	26.2	9.2	72.8	-34.3	-0.99
2023/10	25.5	-2.7	-2.8	-32.1	-1.65
2023/11	25.1	-1.6	20	-29.3	-1.65
2023/12	22.1	-12.2	9.1	-27.5	-1.65
2024/01	47.6	116	147.9	147.8	0.12
2024/02	24.4	-48.9	-17.5	47.7	0.12
2024/03	37.7	54.7	35.2	43.2	0.12

資料來源：CMoney，2023/07 ～ 2024/03

| 圖表 10-1-2 | **金麗科（3228）獲利衰退、股價上漲**

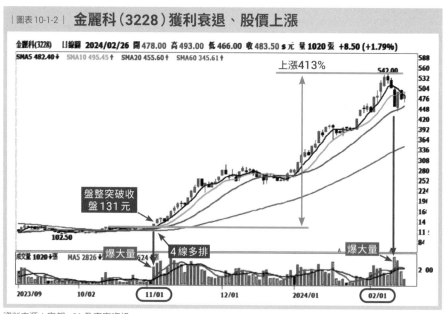

資料來源：富邦 e01 及嘉實資訊

投資與投機的差異

　　投資目的是為了獲利，操作股票基本上可以分為投資與投機2種方式，投資人把資金投入股票市場，要明確自己的目的，2種方式完全不同，投資觀念與做法也不同。

一、目的不同

　　1. **投資**：以獲取長期穩定分配股息、股利為目的，股價大幅上漲時可以賣出獲利。

　　2. **投機**：不以獲取股息、股利為目的，採取長線短做方式，在上漲時入場，擷取短期上漲的利潤。

二、方法不同

　　1. **投資**：以基本面為依據選擇金融商品，採價值型投資，在一定價格區間承接。

　　2. **投機**：以技術面為依據選擇金融商品，投資在短期最佳機會，獲取利潤。

三、選股標的不同

　　1. **投資**：以台灣50、台灣中型100為股池，選擇基本面好、未來穩定發展的公司。

　　2. **投機**：以中小型股票為主，挑選技術線形好的強勢股。

10-2

「投資目的」
基本面選股條件

前面講到，以投資為目的時選股著重基本面，常用的資料說明如下。

1. 公司的基本資料：股本、營業項目、公司董事等。

2. 公司的經營績效：營業額、獲利率、年增率、淨值、本益比、股東權益報酬率等。

3. 公司的財務結構：分析公司財務報表。

4. 公司長年獲利盈餘分配。

5. 公司的價值評估：以經營管理、產業發展、獲利情形等面向，研究公司應有的合理價值，衡量股價的高低。判斷股票現行價位是否合理，並研究未來經營發展空間，做長期投資規劃，賺取長期報酬。

6. 了解公司經營者的理念。

以下以鴻海（2317）為例，來看看基本面的資料。

| 圖表 10-2-1 | **鴻海（2317）的基本資料** |

公司名稱	鴻海精密工業股份有限公司	英文簡稱	HON HAI
產業	電子－其他電子	細產業別	電子中游-EMS
內銷比重	0.24	外銷比重	99.76
上市上櫃	上市	實收資本額	138,630（佰萬）
本益比	16	股價淨值比	1.64
單月營收	572,351,867(千)	單月營收年成長率	21.98(%)
成立日期	1974-02-20	上市日期	1991-06-18
總市值(億)	25022.7	上櫃日期	
董事長	劉揚偉	總經理	劉揚偉
發言人	巫俊毅	發言人職稱	副總經理
電話	(02)2268-3466	簽證會計師事務所	資誠聯合會計師事務所
股票過戶機構	福邦證券股份有限公司	股務代理電話	(02)2371-1658
網址	http://www.foxconn.com		
地址	新北市土城區自由街2號		
經營項目	電腦系統設備及其週邊之連接器等、線纜組件及殼體，基座之開發、設計、製造及銷售等、精密模具之製造及銷售等		

資料來源：CMoney

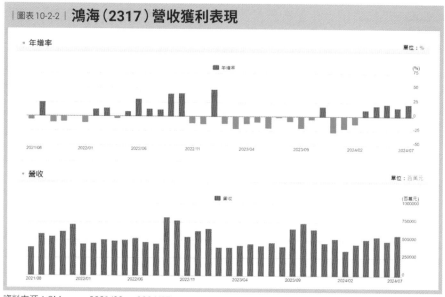

| 圖表 10-2-2 | **鴻海（2317）營收獲利表現**

資料來源：CMoney，2021/08 ～ 2024/07

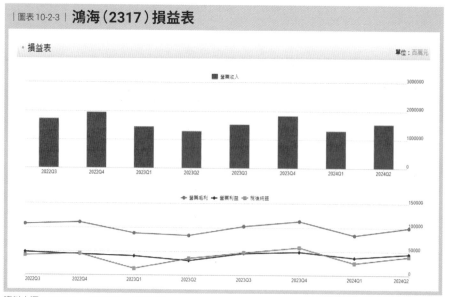

| 圖表 10-2-3 | **鴻海（2317）損益表**

資料來源：CMoney，2022Q3 ～ 2024Q2

| 圖表 10-2-4 | 鴻海（2317）各項財務數據 |

獲利能力   單位：%

年季	2024Q2	2024Q1	2023Q4	2023Q3	2023Q2	2023Q1	2022Q4	2022Q3
毛利率	6.42	6.32	6.12	6.66	6.41	6.04	5.66	6.16
營業利益率	2.88	2.78	2.64	2.99	2.37	2.77	2.25	2.78
稅前純益率	3.12	2.46	3.61	3.71	3.66	1.40	2.67	2.93
稅後純益率	2.51	1.88	3.15	3.08	2.72	0.93	2.30	2.39
稅後股東權益報酬率	2.32	1.48	3.57	3.00	2.36	0.90	2.76	2.73
稅後資產報酬率	0.91	0.57	1.33	1.10	0.89	0.33	0.94	0.93
每股營業額	111.86	95.52	133.61	111.33	94.11	105.50	141.62	126.00
公告每股淨值	110.12	107.47	107.72	107.13	100.47	101.06	104.65	104.53
每股稅後盈餘	2.53	1.59	3.83	3.11	2.38	0.93	2.89	2.80

資料來源：CMoney，2022Q3 ～ 2024Q2

　　總結而言，基本分析以公司經營的價值衡量股價高低，技術分析則透過圖形量化指標推測股價的變動；透過基本分析，可以了解購買股票的公司體質，透過技術分析可以把握具體的買賣時機。

　　成功的投資人可以把 2 種分析結合運用，用基本分析估計較長期的趨勢，用技術分析判斷短期走勢及進出時機。

10-3

「投機目的」
技術分析選股策略

在技術分析選股方面,這個單元分享 7 種不同方法的應用,包括:六六大順選股、4 基 10 技選股法、淘汰法選股、特別報價選股法、盤中利用選股設定選股法、未卜先知選股法、強勢飆股第 2 波選股法。

六六大順選股

一、趨勢方向

1. 多頭:「頭頭高、底底高」,順勢做多。
2. 空頭:「頭頭低、底底低」,順勢做空。
3. 盤整:不是多頭,不是空頭,退出觀察等待突破或跌破。

二、當下位置

1. 多頭:打底、初升段、主升段、末升段;起漲、上漲行進、短線高檔、遇壓力、回檔、止跌、遇支撐、突破。
2. 空頭:做頭、初跌段、主跌段、末跌段;起跌、下跌行進、短線低檔、遇支撐、反彈、止漲、遇壓力、跌破。
3. 盤整:開始盤整、盤整型態、盤整末端、盤整突破或跌破。

三、均線架構

1. 多頭:最少3線多排,方向向上,股價在月線之上。
2. 空頭:最少3線空排,方向向下,股價在月線之下。
3. 盤整:均線雜亂無章,退出觀察等待突破或跌破後,均線恢復正常排列。

四、K 線轉折

1. 多頭：

   （1）關鍵 K 線：多頭確認，型態確認、多頭起漲，突破高點，過壓力 K 線、大量長紅 K 線。

   （2）價、量、線：價漲，量增（大於昨日 1.3 倍），線實（中長實體紅 K 收盤確認）。

2. 空頭：

   （1）關鍵 K 線：空頭確認，型態確認、空頭起跌，跌破低點，跌破支撐 K 線、大量長黑 K 線。

   （2）價、量、線：價跌，有量無量均可（量增下殺力量更大），線實（中長實體黑 K 線收盤確認）。

3. 盤整：

   （1）突破確認：價漲，量增，中長實體紅 K 線收盤確認。

   （2）跌破確認：價跌，有量無量均可，中長實體黑 K 線收盤確認。

五、成交量

1. 多頭：價漲量增，價跌量縮。

   （1）起漲量與壓力量關係。

   （2）高檔或壓力前成交量放大非福。

   （3）成交量的定義看日後價的漲跌決定。

   （4）價量背離。

2. 空頭：價漲量縮，價跌量增，但是非必然。

   （1）頭部量的觀察與空頭確認。

（2）急跌或強力支撐前的放大量：

（3）成交量的定義看日後價的漲跌決定。

（4）價量背離。

六、指標觀察

主要觀察指標在高檔或低檔，出現黃金交叉還是死亡交叉，均線多頭排列向上、空頭排列向下，以及指標是否背離。

選股行情研判6大步驟順序如下：①趨勢、②位置、③K線轉折、④均線、⑤成交量、⑥指標。

4基10技選股法

一、4項基本參考資料

1. 產業類股：選當下熱門的產業類股。

2. 股本：50億元以下的中小型股，比較受主力喜愛。

3. 營收：營收要成長，並查看盈餘獲利及預估全年績效。

4. 籌碼：法人買賣超。

二、10條技術面篩選條件

1. 趨勢：多頭、空頭、盤整（日線、週線）。

2. 位置：打底、反轉、初升、主升、末升、起漲、上漲中、高檔、回檔、支撐、壓力、盤頭、初跌、主跌、末跌、起跌、下跌中、低檔、反彈（日線、週線）。

3. 均線：3線多排、4線多排、6線多排、3線空排、4線空排、

6 線空排（日線、週線）。

4. K 線：日、週 K 線的強弱變化。

5. 成交量：打底量、起漲量、高檔量、遇壓量、頭部量、起跌量、低檔量、支撐量、換手量、騙線量（日線、週線）。

6. 型態：底部型態、頭部型態、中繼型態（日線、週線）。

7. 支撐壓力：向上的壓力，向下的支撐（日線、週線）。

8. 指標：MACD、KD（日線、週線）。

9. 背離：量價背離、指標背離（日線、週線）。

10. 獲利目標與操作定法：短中長線目標、短中長線定法（日線操作）。

| 圖表 10-3-1 | **選股評量表格**

日期：

股票名稱：		營業項目：		股本：
基本面				
波型（V）	1. 月線： 2. 週線： 3. 日線：	支撐	1. 週線： 2. 日線：	
位置	1. 週線： 2. 日線：	壓力	1. 週線： 2. 日線：	
K 線（V）	1. 週 K 線： 2. 日 K 線：	背離		
均線（V） 切線（V）	1. 週線： 2. 日線： 3. 切線：	融資融券 （V）	融資： 融券： 融資比：	
		法人買賣超		
成交量（V）	1. 週量： 2. 日量：	型態		
指標（V）	1. 週 MACD 2. 週 KD 3. 日 MACD 4. 日 KD	其他		
策略：				

| 圖表 10-3-2 | **選股評量表格範例**

日期：2023/9/15

股票名稱：安國（8054）		營業項目：資訊消費性產品	股本：9.79億元
基本面	1. 淨值：30.4元 2. 毛利：28.4% 3. 淨利：-17% 4. 題材：①高速傳輸、②無線音頻IC、神盾集團		
波型 （V）	1. 月線：底部橫盤 2. 週線：底底高、突破MA20、MA60 3. 日線：多頭確認、突破MA20、MA60	支撐	1. 大量長紅低點 37.45元 2. MA60為33.87元 3. MA20為33元
位置	1. 週線：多頭回後上漲 2. 日線：多頭確認，遇前高盤整壓力	壓力	1. 週線：38.3元、43元、48.55元、67.8元 2. 日線：38.3元、43元、48.55元
K線 （V）	1. 週K線大量長紅K突破MA20、MA60 2. 日線大量長紅K，收盤站上季線	背離	無
均線 （V） 切線 （V）	1. 週MA20向上，股價站上週MA20 2. 日均線4線多排向上，可以中長線操作 3. 切線多頭向上	融資融券 （V）	融資：增加589張，餘額4,950張 融券：增加95張，餘額144張 融資比：2.91%
		法人買賣超	外：連3天買超，今買135張
成交量 （V）	1. 週量比前一週大3倍 2. 日線出大量	型態	圓弧底多頭型態
指標 （V）	1. 週MACD在0軸之上向上，黃金交叉，紅柱 2. K59 > D40多排向上 3. 日MACD在0軸之上向上，紅柱延長 4. K69 > D60多排向上	其他	今日爆大量長紅，明日遇壓容易震盪

策略：1. 明日遇壓，待突破壓力38.3元（週線多頭確認），開始做多。
　　　2. 資金分配20張，10張短線守MA5操作，10張長線守MA20操作。
　　　3. 長線目標價67.8元，約獲利77%。

|圖表 10-3-3| **安國（8054）週線走勢圖**

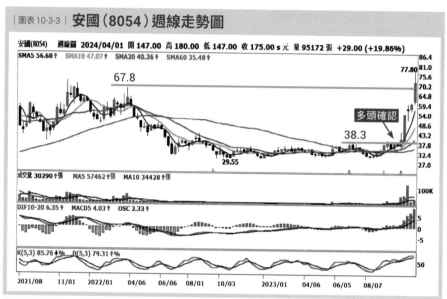

資料來源：富邦 e01 及嘉實資訊

|圖表 10-3-4| **安國（8054）日線走勢圖**

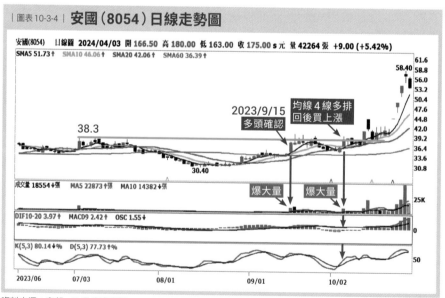

資料來源：富邦 e01 及嘉實資訊

淘汰法選股票

如何選到好的股票，大家關注的重點不外乎基本面、產業面、籌碼面、技術面……其實我們反向思考，淘汰掉一些技術面不好的股票，自然能夠事半功倍，大大提高股票獲利成功的機會。下面 11 種狀況的股票，要避開做多操作：

1. 沒走出底部的股票要避開：趨勢還沒有完成，均線還沒有多排。

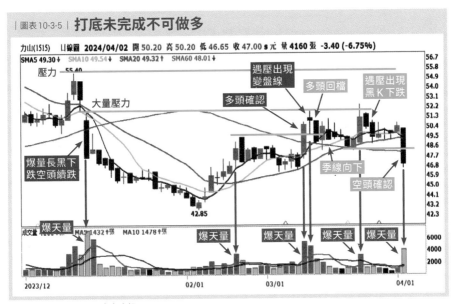

| 圖表 10-3-5 | **打底未完成不可做多**

資料來源：富邦 e01 及嘉實資訊

2. 重壓不過，股票跌破 MA5 要避開：短趨勢完成，均線多排，向上有重壓股票不宜操作（圖表 10-3-6）。

| 圖表 10-3-6 | **帶大量的壓力不過**

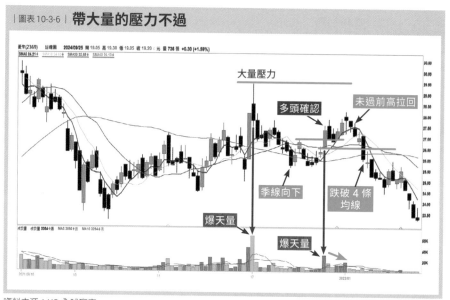

資料來源：XQ 全球贏家

　　3. **上漲一波之後，趨勢不明確的股票要避開**：有重壓、下有支撐的區間震盪股票，不可做多（圖表 10-3-7）。

　　4. **沒有量能的股票要避開**：上漲行進中，成交量明顯縮小或量價背離的股票要避開。

　　5. **大幅上漲過高的股票要避開**：股價上漲達 1 倍以上位置，呈現盤整趨勢要立刻出場（圖表 10-3-8、圖表 10-3-9）。

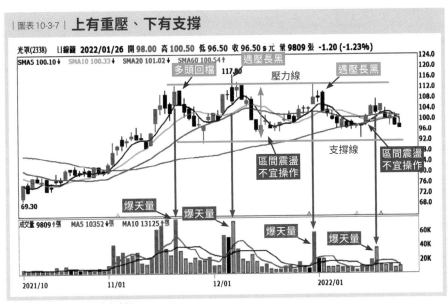

圖表 10-3-7 **上有重壓、下有支撐**

資料來源：富邦 e01 及嘉實資訊

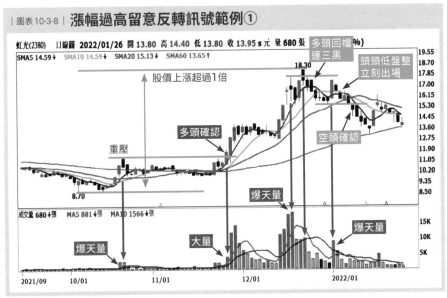

圖表 10-3-8 **漲幅過高留意反轉訊號範例①**

資料來源：富邦 e01 及嘉實資訊

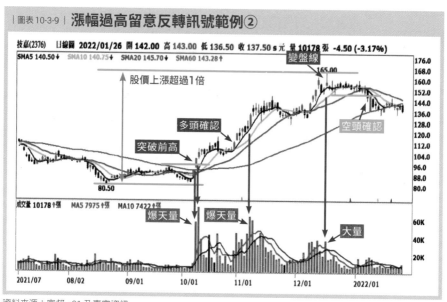

| 圖表 10-3-9 | 漲幅過高留意反轉訊號範例②

資料來源：富邦 e01 及嘉實資訊

6. **遇壓力大量長黑**：在壓力線附近，多次出現大量長黑 K 的股票要避開（圖表 10-3-10）。

7. **MACD 或 KD 指標背離**：趨勢呈現頭頭低的股票，且出現 MACD 或 KD 指標背離，要立刻出場（圖表 10-3-11）。

8. **三大法人連續賣超**：下跌時出現爆大量長黑 K 或連 3 黑大量賣壓的股票。

9. **頻頻爆大量股價不漲的股票要避開**（圖表 10-3-12）。

10. **看不懂的股票要避開**（圖表 10-3-13）。

11. **有基本面、沒有技術面的股票要避開**（圖表 10-3-14、圖表 10-3-15）。

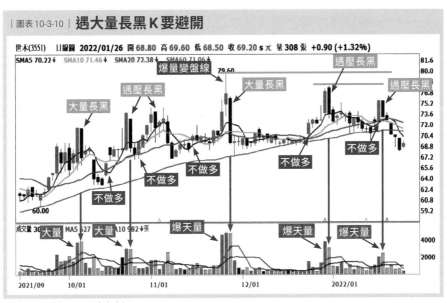

資料來源：富邦 e01 及嘉實資訊

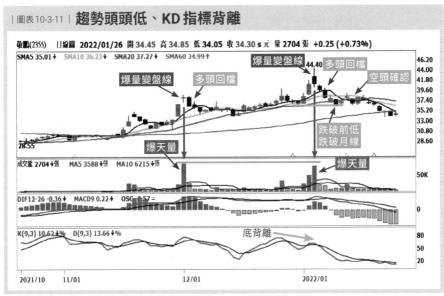

資料來源：富邦 e01 及嘉實資訊

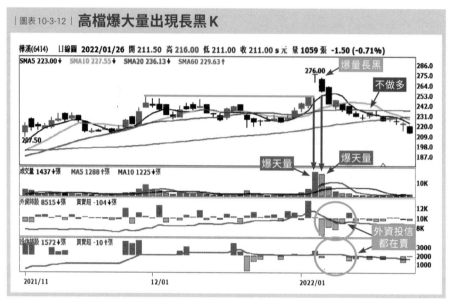

資料來源:富邦 e01 及嘉實資訊

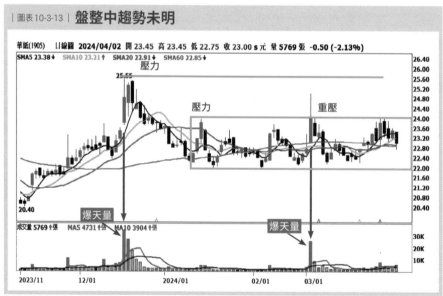

資料來源:富邦 e01 及嘉實資訊

活用技術分析寶典 下

飆股上校朱家泓 40 年實戰精華 從 K 線、均線到交易高手的養成祕笈

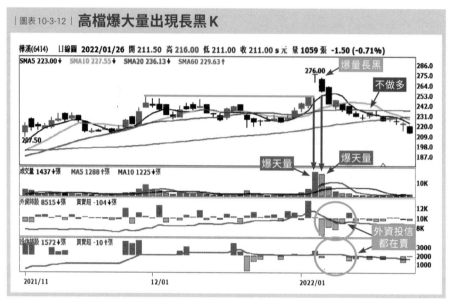圖表 10-3-12 | 高檔爆大量出現長黑 K

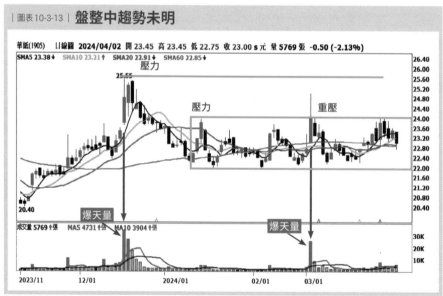圖表 10-3-13 | 盤整中趨勢未明

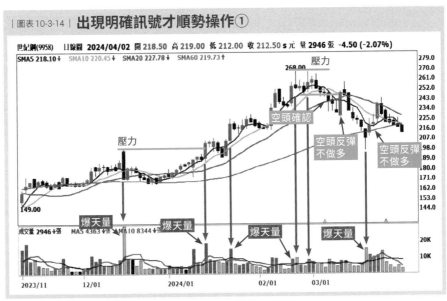

圖表10-3-14 | **出現明確訊號才順勢操作①**

資料來源：富邦 e01 及嘉實資訊

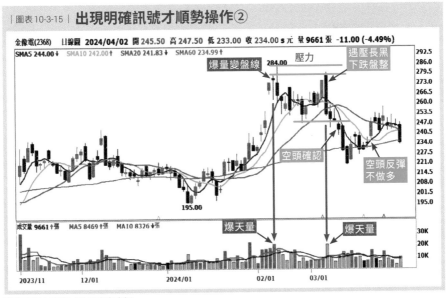

圖表10-3-15 | **出現明確訊號才順勢操作②**

資料來源：富邦 e01 及嘉實資訊

你還要捨棄很多東西，但是當你把以上幾點都在選股時逐一捨棄，你會發現能夠操作的好股票其實並不多。這就對了，因為你捨棄那些成功機率很低的股票，所得到的股票，就是帶給你財富的好股票了！

特別報價選股法

1. 每天收盤看富邦 e01 系統中當日「特別報價」的前 100 檔強勢股、放大量股（圖表 10-3-16）、弱勢股（圖表 10-3-17）。
2. 去除成交量少於 1,000 張股票。
3. 去除股價低於 5 元的股票。
4. 先看日線走勢圖，初步挑選符合做多條件的股票。
5. 注意是否出現類股群聚現象。
6. 發覺強勢題材股的出現。
7. 經初步挑選的日線股票，再看週線仔細研判。
8. 建立「鎖股資料夾」，並按照強弱優先順序排列。
9. 每日檢視「鎖股資料夾」做汰換或更新排序。

盤中利用「選股設定」法

使用富邦 e01 系統，可以設定不同條件，作為選股依據：①爆量股、②開高強勢指標股、③即將漲停、④股價翻紅、⑤連續漲停打開、⑥連續跌停打開、⑦1 分鐘內漲 2% 以上、⑧連續 3 筆外盤大量成交、⑨收盤前 1 小時精選次日續漲的機會股。

| 圖表 10-3-16 | 「特別報價」的量放大股

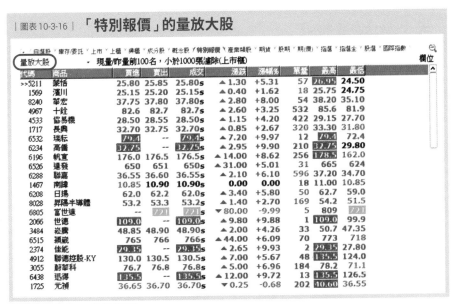

量放大股　·　現量/昨量前100名，小於1000張濾除(上市櫃)

代碼	商品	買進	賣出	成交	漲跌	漲幅%	單量	最高	最低
>>5211	藝恬	25.80	25.85	25.80s	▲1.30	+5.31	57	26.95	24.50
1569	濱川	25.15	25.20	25.15s	▲0.40	+1.62	18	25.75	24.75
8240	華宏	37.75	37.80	37.80s	▲2.80	+8.00	54	38.20	35.10
4967	十銓	82.6	82.7	82.7s	▲2.60	+3.25	532	85.6	81.9
4533	協易機	28.50	28.55	28.50s	▲1.15	+4.20	422	29.15	27.70
1717	長興	32.70	32.75	32.70s	▲0.85	+2.67	320	33.30	31.80
6532	瑞耘	79.4	--	79.4s	▲7.20	+9.97	12	79.4	72.4
6234	高僑	32.75	--	32.75s	▲2.95	+9.90	210	32.75	29.80
6196	帆宣	176.0	176.5	176.5s	▲14.00	+8.62	256	178.5	162.0
6526	達發	650	651	650s	▲31.00	+5.01	31	665	624
6288	聯嘉	36.55	36.60	36.55s	▲2.10	+6.10	596	37.20	34.70
1467	南緯	10.85	10.90	10.90s	0.00	0.00	18	11.00	10.85
6208	日揚	62.0	62.2	62.0s	▲3.40	+5.80	50	62.7	59.0
8028	昇陽半導體	53.2	53.3	53.2s	▲1.40	+2.70	169	54.2	51.5
6805	富世達	--	721	721s	▼80.00	-9.99	5	809	721
2066	世德	109.0	--	109.0s	▲9.80	+9.88	1	109.0	99.9
3484	崧騰	48.85	48.90	48.90s	▲2.00	+4.26	33	50.7	47.35
6515	穎崴	765	766	766s	▲44.00	+6.09	70	773	718
2374	佳能	29.35	--	29.35s	▲2.65	+9.93	2	29.35	27.80
4912	聯德控股-KY	130.0	130.5	130.5s	▲7.00	+5.67	48	135.5	124.0
3055	蔚華科	76.7	76.8	76.8s	▲5.00	+6.96	184	78.2	71.1
6438	迅得	135.5	--	135.5s	▲12.00	+9.72	13	135.5	126.5
1725	元禎	36.65	36.70	36.70s	▼0.25	-0.68	202	40.60	36.55

資料來源：富邦 e01 及嘉實資訊

| 圖表 10-3-17 | 「特別報價」的弱勢股

弱勢股　·　跌幅前100名，昨量小於500張者濾除(上市櫃)

代碼	商品	買進	賣出	成交	漲跌	漲幅%	單量	最高	最低
2358	廷鑫	--	5.06	5.06s	▼0.56	-9.96	1	5.06	5.06
3548	兆利	263.0	263.5	263.0s	▼24.00	-8.36	500	284.0	262.0
3228	金麗科	516	517	516s	▼44.00	-7.86	72	540	516
3294	英濟	42.40	42.45	42.40s	▼3.10	-6.81	291	46.80	41.80
1515	力山	47.00	47.05	47.00s	▼3.40	-6.75	127	50.2	46.65
6415	矽力*-KY	319.0	319.5	319.0s	▼20.00	-5.90	365	338.0	319.0
8147	正淩	128.0	128.5	128.0s	▼7.00	-5.19	172	135.0	127.5
2368	金像電	234.0	234.5	234.0s	▼11.00	-4.49	526	247.5	233.0
3689	湧德	74.8	74.9	74.9s	▼3.50	-4.46	287	78.9	74.5
6649	台生材	31.15	31.20	31.20s	▼1.45	-4.44	6	33.60	30.75
2540	愛山林	100.5	101.0	100.5s	▼4.50	-4.29	96	102.0	95.6
6163	華電網	21.50	21.55	21.50s	▼0.95	-4.23	172	22.45	21.45
2421	建準	128.5	129.0	128.5s	▼5.50	-4.10	967	134.5	127.5
6550	北極星藥業...	71.1	71.2	71.2s	▼3.00	-4.04	160	74.2	70.5
6416	瑞祺電通	123.5	124.0	124.0s	▼5.00	-3.88	63	129.0	121.0
3017	奇鋐	533	534	533s	▼21.00	-3.79	1271	563	533
3653	健策	892	893	893s	▼35.00	-3.77	87	946	887
1815	富喬	19.25	19.30	19.30s	▼0.75	-3.74	1774	20.10	19.05
3058	立德	22.50	22.60	22.55s	▼0.85	-3.63	61	23.55	22.50
6414	樺漢	345.5	346.0	345.5s	▼12.50	-3.49	525	367.0	345.0
4420	光明	45.15	45.25	45.20s	▼1.60	-3.42	20	46.95	44.80
6275	元山	59.9	60.0	59.9s	▼2.10	-3.39	141	62.5	59.1
6138	茂達	203.5	204.0	203.5s	▼7.00	-3.33	109	210.5	203.0
6875	國邑*	84.0	84.1	84.1s	▼2.80	-3.22	24	86.7	83.5
3360	尚立	15.20	15.25	15.20s	▼0.50	-3.18	35	15.60	15.15
6126	信音	36.85	36.90	36.85s	▼1.20	-3.15	278	38.50	36.80

資料來源：富邦 e01 及嘉實資訊

▍未卜先知選股法

　　當股票由空反轉多頭的過程會有一定的路徑變化，充分了解這些底部的變化，自然可以提早做鎖股的準備，掌握整個多頭趨勢起漲位置，可以布局長線操作，自然也可以波段短線操作，這種底部選股的方式，稱為未卜先知選股法。

觀察一、底部盤整鎖股

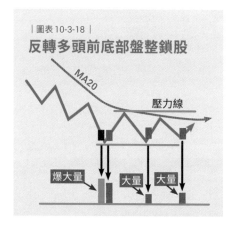

| 圖表 10-3-18 |
反轉多頭前底部盤整鎖股

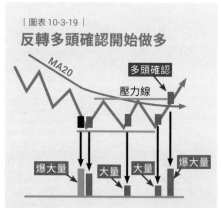

| 圖表 10-3-19 |
反轉多頭確認開始做多

　　趨勢反轉多頭前，往往先在低檔出現爆大量後上漲，再次下跌收盤無法跌破前低的支撐線，形成底部盤整，開始鎖股。當大量紅K線突破底部盤整，多頭趨勢確認，3線多排向上開始做短多，4線多排向上開始規劃做長多。

| 圖表 10-3-20 | 底部鎖股範例①

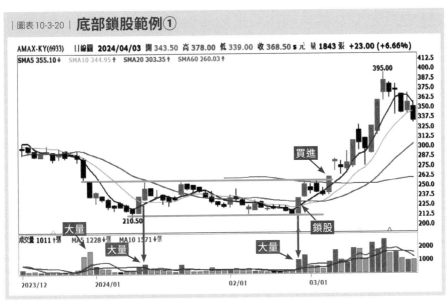

資料來源：富邦 e01 及嘉實資訊

| 圖表 10-3-21 | 底部鎖股範例②

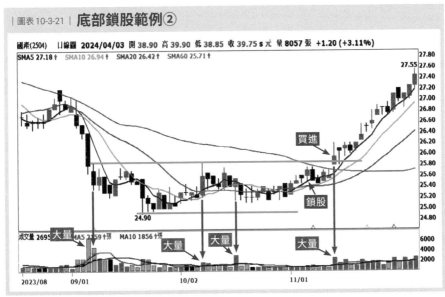

資料來源：富邦 e01 及嘉實資訊

觀察二、底部 2 個月均線糾結鎖股做多

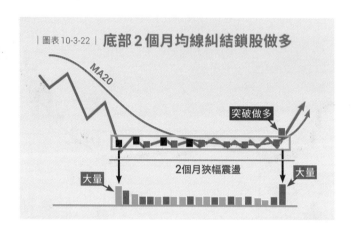

| 圖表 10-3-22 | 底部 2 個月均線糾結鎖股做多

空頭低檔經過 2 個月的不漲、不跌上下小幅度震盪（均線糾結），開始鎖股，當大量紅 K 上漲突破盤整，開始做短多或長多。

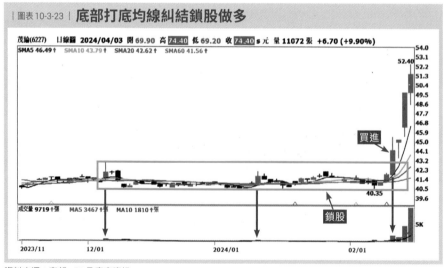

| 圖表 10-3-23 | 底部打底均線糾結鎖股做多

資料來源：富邦 e01 及嘉實資訊

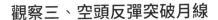

觀察三、空頭反彈突破月線

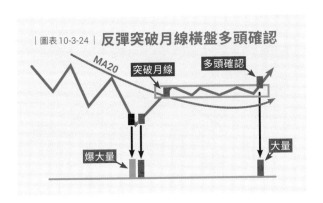

空頭強力反彈，突破月線壓力，短時間出現股價維持在月線之上整理，開始鎖股，當月線上揚，大量紅Ｋ上漲突破橫盤或盤整，開始做短多或長多。

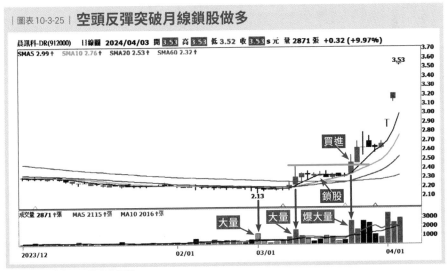

資料來源：富邦 e01 及嘉實資訊

觀察四、空頭反彈突破前高

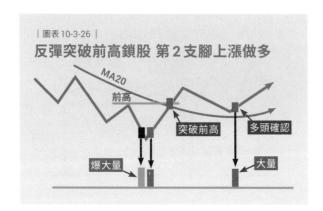

| 圖表 10-3-26 |
反彈突破前高鎖股 第 2 支腳上漲做多

空頭低檔大量強力反彈，突破前高，開始鎖股；當第 2 支腳的出現位置，在月線之上，出現大量長紅 K 上漲，月線上揚，開始做短多或長多。

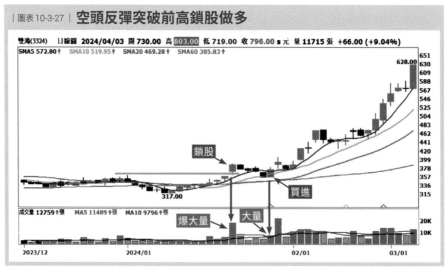

| 圖表 10-3-27 | 空頭反彈突破前高鎖股做多

資料來源：富邦 e01 及嘉實資訊

觀察五、出現強勢型態

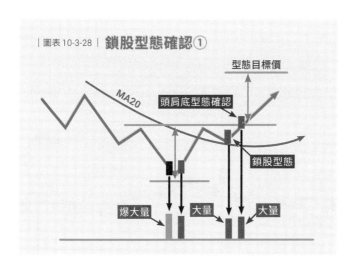

| 圖表 10-3-28 | **鎖股型態確認①**

型態目標價

MA20

頭肩底型態確認

鎖股型態

爆大量　大量　大量

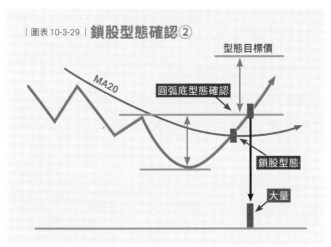

| 圖表 10-3-29 | **鎖股型態確認②**

型態目標價

MA20

圓弧底型態確認

鎖股型態

大量

空頭低檔經過一段時間走勢，出現強勢型態，開始鎖股，當大量長紅 K 上漲突破型態確認，開始做短多或長多。

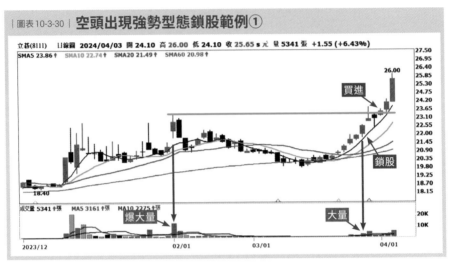

|圖表 10-3-30| 空頭出現強勢型態鎖股範例①

資料來源：富邦 e01 及嘉實資訊

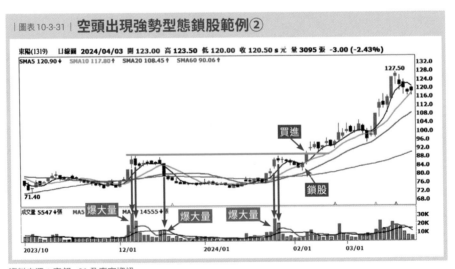

|圖表 10-3-31| 空頭出現強勢型態鎖股範例②

資料來源：富邦 e01 及嘉實資訊

「強勢飆股」第 2 波選股法

鎖住當下熱門題材強勢上漲第 1 波高檔的股票，等待回檔修正後第 2 波的上漲，此法不失為簡單易勝的方法。

| 圖表 10-3-32 | **回檔修正後第 2 波上漲範例①**

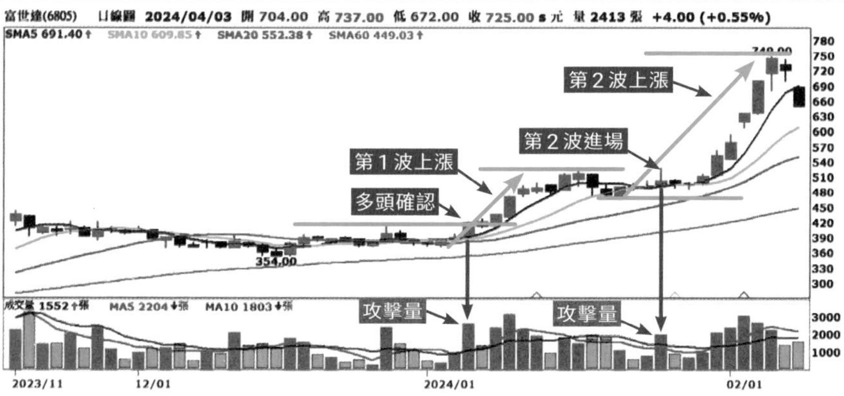

資料來源：富邦 e01 及嘉實資訊

| 圖表 10-3-33 | **回檔修正後第 2 波上漲範例②**

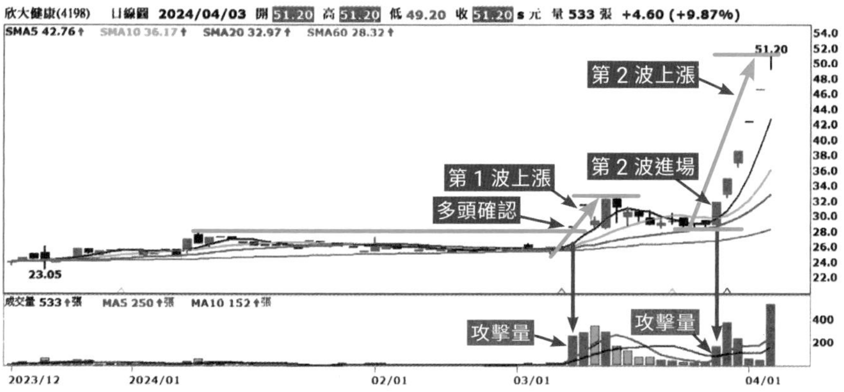

資料來源：富邦 e01 及嘉實資訊

10-4

底部強勢反轉圖形

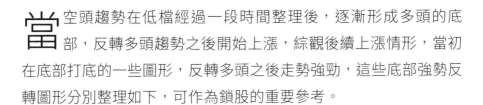

空頭趨勢在低檔經過一段時間整理後，逐漸形成多頭的底部，反轉多頭趨勢之後開始上漲，綜觀後續上漲情形，當初在底部打底的一些圖形，反轉多頭之後走勢強勁，這些底部強勢反轉圖形分別整理如下，可作為鎖股的重要參考。

底部狹幅盤整鎖股位置

底部經過 2 個月以上狹幅盤整，鎖大量紅 K 突破時進場。

| 圖表10-4-1 | **長期底部盤整鎖大量紅 K 突破①**

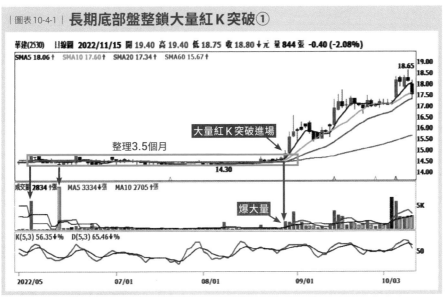

資料來源：富邦 e01 及嘉實資訊

活用技術分析寶典 下

飆股上校朱家泓 40 年實戰精華 從 K 線、均線到交易高手的養成祕笈

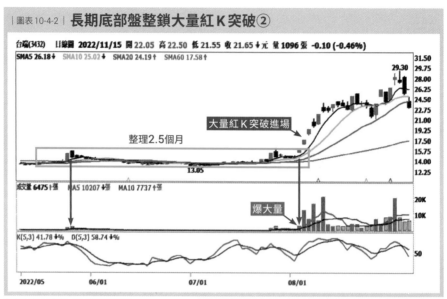

| 圖表 10-4-2 | 長期底部盤整鎖大量紅 K 突破②

資料來源：富邦 e01 及嘉實資訊

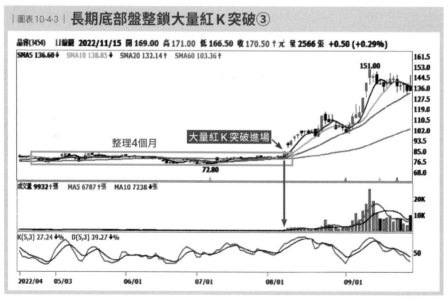

| 圖表 10-4-3 | 長期底部盤整鎖大量紅 K 突破③

資料來源：富邦 e01 及嘉實資訊

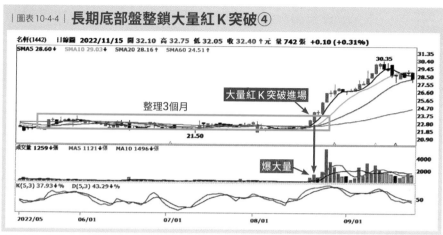

|圖表 10-4-4| 長期底部盤整鎖大量紅 K 突破④

資料來源：富邦 e01 及嘉實資訊

空頭強勢反彈鎖股位置

空頭出現強勢反彈，股價在月線上橫盤，鎖大量紅 K 突破橫盤時進場。

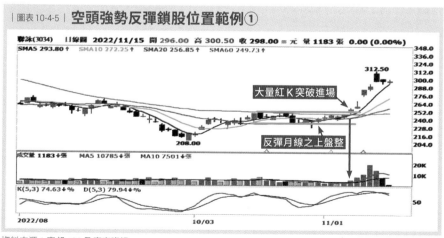

|圖表 10-4-5| 空頭強勢反彈鎖股位置範例①

資料來源：富邦 e01 及嘉實資訊

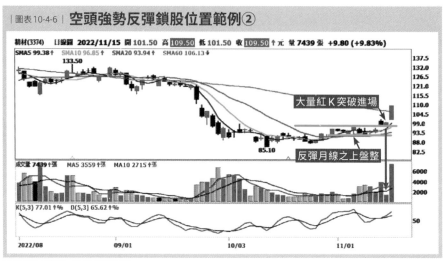

| 圖表10-4-6 | 空頭強勢反彈鎖股位置範例②

資料來源：富邦 e01 及嘉實資訊

雙盤底大量紅 K 突破進場

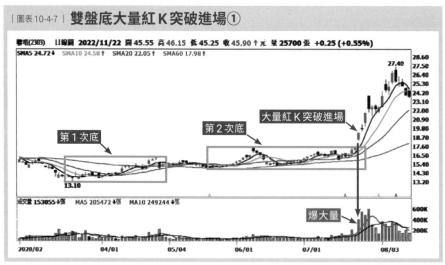

| 圖表10-4-7 | 雙盤底大量紅 K 突破進場①

資料來源：富邦 e01 及嘉實資訊

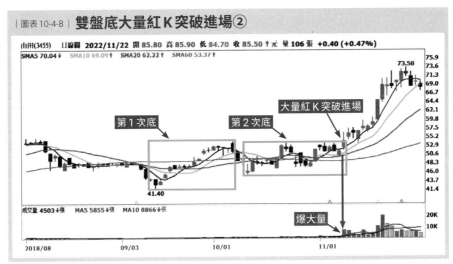

|圖表10-4-8| 雙盤底大量紅K突破進場②

資料來源：富邦 e01 及嘉實資訊

緩步上漲後的攻擊位置

緩步上漲後，突然出現大量長紅K，發動攻擊。

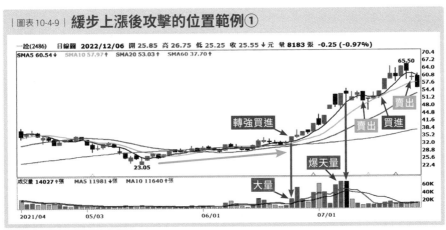

|圖表10-4-9| 緩步上漲後攻擊的位置範例①

資料來源：富邦 e01 及嘉實資訊

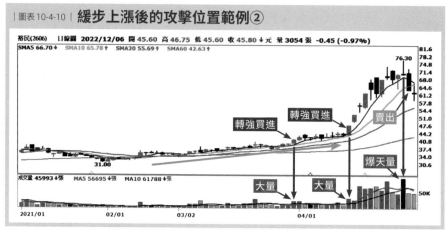

| 圖表 10-4-10 | 緩步上漲後的攻擊位置範例②

資料來源：富邦 e01 及嘉實資訊

緩漲上升突破上升軌道做多

在緩漲行進過程中，當大量長紅 K 突破緩漲的上升軌道線，可進場做多。

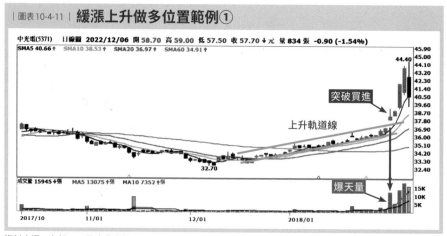

| 圖表 10-4-11 | 緩漲上升做多位置範例①

資料來源：富邦 e01 及嘉實資訊

| 圖表 10-4-12 | 緩漲上升做多位置範例②

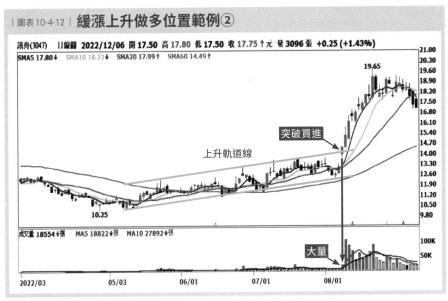

資料來源：富邦 e01 及嘉實資訊

10-5

股市交易工作重點

每天收盤後把當日上漲 3.5% 以上的強勢股，以及下跌 3.5% 以上的弱勢股票全部看一遍（最少看前 50 檔），去除線形不好、看不出方向、成交量太小（無法多買，買到後不易賣出）、價格太低的股票（容易遇到地雷股）。

進場做多的前提

1. 大盤站上月線多頭，股價在月線之上，月線上揚。
2. 類股要多頭，比大盤強，類股中選強勢的前 3 類股。
3. 找龍頭股和強勢類股的強勢個股 1 ～ 3 檔。
4. 未來有發酵的題材，例如 AI、6G 光纖、節能工業、國防工業等。

進場做空的前提

1. 大盤在月線之下空頭，股價在月線之下，月線下彎。
2. 類股要空頭，類股中選最弱的前 3 類股。
3. 弱勢類股的個股 1 ～ 3 檔
4. 漲多領先下跌的個股，或是沒有基本面因為炒作超漲下跌的股票。

技術線圖的看圖重點

1. 看當日波浪型態，是否符合多頭或空頭架構。

2. 看股價位置，分時走勢圖的走法：

(1) 開盤漲停最強、9 點 10 分前漲停次強、9 點 30 分前漲停強。

(2) 1 點 20 分之後漲停，看次日是否能夠續強。

(3) 開盤跌停最弱，快速向下的股票、反彈遇壓下跌的股票做空。

3. 多頭看價量的配合，籌碼變化看 3 大法人買賣超、融資融券增減，確認是否有經過洗盤再漲的狀況。

4. 看週線走勢方向及月線圖形。

5. 看日 KD 指標、週 KD 指標。

6. 看近 3 ～ 5 日 K 線型態變化。

7. 多頭看該股是否屬於主流股、題材股、應景股、轉機股、軋空股。

8. 看均線的排列，以及位置是否多頭向上或空頭向下。

9. 看是否在盤整，還是開始發動。

10. 預估機會獲利空間，以及風險控制。

11. 在強勢股中可以發現空頭反彈的股票，分析是否能夠等反彈後再下跌做空的機會。在弱勢股中可以發現多頭回檔的股票，分析是否能夠等回檔後再上漲做多的機會。

12. 是否有明日可以進場的標的（最佳的 3 ～ 5 檔），再檢視一遍技術分析的條件。

13. 做好資金分配在欲購買的股票。

14. 擬定操作策略。

15. 發掘新類股的啟動及類股的輪動。

16. 掃描當日勢股，可發現原上漲的主流類股的轉弱訊號。

17. 建立維持強勢股走勢的個股資料庫（財庫）。

Part 11
操作篇

十年磨一劍
出招必勝

11-1

進場前的準備工作

當我們選好要買的股票，接下來就是等到進場位置出現，並且確認趨勢、均線、K線、成交量、指標等條件都符合進場SOP（後面操作SOP中會詳述），以下列進場的位置分類，然後守株待兔，靜待時機出現時進場，這樣就可以買到起漲的第1天。

技術分析選股 8 種進場位置

1.等打底完成：空頭下跌的低檔，出現大量盤整打底現象，可以鎖股，等打底盤整突破，反轉多頭確認，同時股價站上月線（MA20），且月線向上，出現突破盤整的大量紅K做短多，如果同時站上季線（MA60），可以做長多。

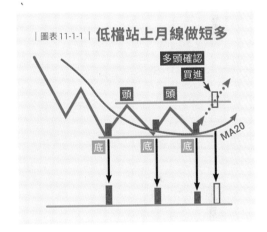

| 圖表11-1-1 | 低檔站上月線做短多

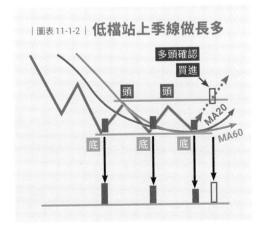

| 圖表11-1-2 | 低檔站上季線做長多

2.等突破盤整：多頭上漲一波後進入盤整，當出現大量紅K突破盤整時做多。

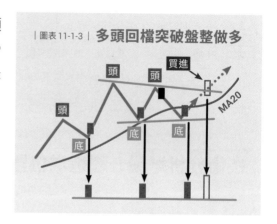

| 圖表 11-1-3 | **多頭回檔突破盤整做多**

3.等拉回：多頭連續上漲高檔，拉回不破前低，不破月線（MA20），再上漲時做多。

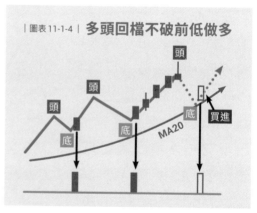

| 圖表 11-1-4 | **多頭回檔不破前低做多**

4.等上漲：多頭上漲一波後處在下跌回檔，拉回不破前低，不破月線（MA20），上漲時做多（回後買上漲）。

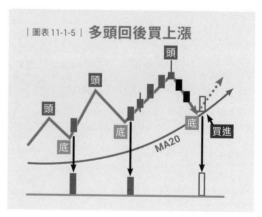

| 圖表 11-1-5 | **多頭回後買上漲**

5.等K線橫盤突破：多頭上漲，出現3天以上的K線橫盤，可以鎖股，當出現突破K線橫盤的大量紅K上漲時做多。

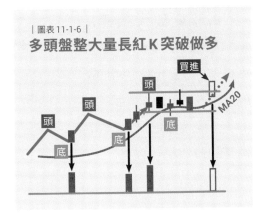

|圖表11-1-6|
多頭盤整大量長紅K突破做多

6.等ABC突破： 多頭上漲一波後，出現A、B、C的3波修正（形成空頭），反彈大量紅K突破下降切線，股價在月線（MA20）上時做多。

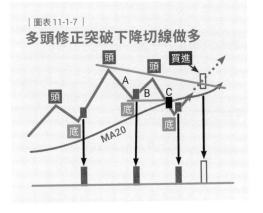

|圖表11-1-7|
多頭修正突破下降切線做多

7.等型態確認： 空頭下跌低檔，出現打底的型態圖形，當出現型態確認上漲大量紅K時做多。

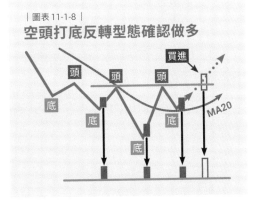

|圖表11-1-8|
空頭打底反轉型態確認做多

8.等突破大量黑K：
多頭上漲一波後，大量黑K
跌破前一日K線最低點，
或跌破MA5，隨即(3日
內)出現大量紅K突破大量
黑K的最高點，做多。

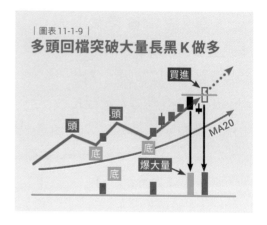

| 圖表 11-1-9 |
多頭回檔突破大量長黑K做多

進場後的可能走勢推演

1. 停損(可能最大賠損)：買進當天就把停損位置設好，跌破停損當天要執行停損賣出(可固定設5%為停損價)。

2. 上漲預測獲利目標：

　(1)短期日線獲利目標：向上第1個遇到的壓力。

　(2)中長期週線獲利目標：週線向上第1個遇到的壓力。

3. 上漲未過前高(出現頭頭低)：趨勢進入盤整，短線暫時出場，等盤整確認突破再進場做多；長線續抱，盤整跌破出場。

4. 上漲突破前高(維持頭頭高)：多頭趨勢不變，依據操作SOP停利。

5. 上漲遇到壓力位置：突破壓力續抱，遇壓下跌，依據操作SOP停利。

進場後可能走勢的應對措施

一、停損

1. 停損的意義就是停止損失，損失到此為止，從市場取回主動權。

2. 停損功能：①控制風險，脫離不可預測的危險；②保留資金，保存反敗為勝的本錢。

3. 設停損重要原則：

 (1) 擬定進場策略時就要先設好停損，也就是當你預備買一支股票時，除了設定要買的價位外，也要設好決策錯誤時認賠出場的價位，即是「停損點」。

 (2) 設好的停損點不得更改，否則等於沒有設停損。

 (3) 當天收盤價如果做多跌破（或者放空突破）停損價位要立即出場，必須絕對遵守紀律，要有壯士斷腕的決心及執行力。

 (4) 為了減少停損次數，以順勢交易為主，在高勝率的位置進場。

 (5) 停損設定以不超過10%為標準。

4. 停損的設法：

 (1) K線停損：做多以進場當天K線的最低點是停損點；做空以進場當天K線的最高點是停損點（圖表11-1-10）。

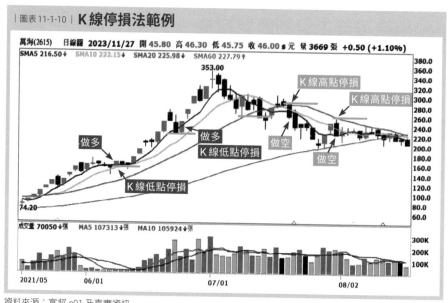

圖表 11-1-10 **K線停損法範例**

資料來源：富邦 e01 及嘉實資訊

（2）趨勢停損：做多時，回後買上漲，停損設在轉折波的低點；盤整突破買上漲，停損設在突破點。做空時，彈後空下跌，停損設在轉折波的高點；盤整跌破空下跌，停損設在跌破點（圖表 11-1-11）。

（3）均線停損：以進出依據的均線設停損，例如股價多頭上 5 日均線買進，停損設定進場 5 日均價。

（4）固定比例停損：以買進價的 2% ～ 10% 為停損點，依據個人的風險容忍度決定，華爾街操盤高手絕對不容許超過 10% 的損失，一般可用固定 5%。

（5）支阻停損：做多時，關鍵支撐跌破停損；做空時，關鍵壓力突破停損（圖表 11-1-12、圖表 11-1-13）。

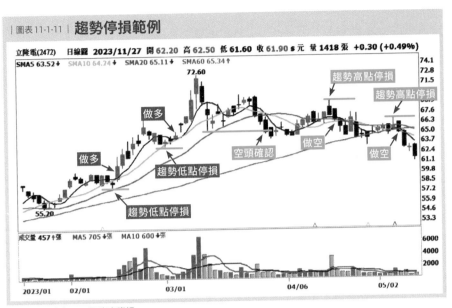

資料來源：富邦 e01 及嘉實資訊

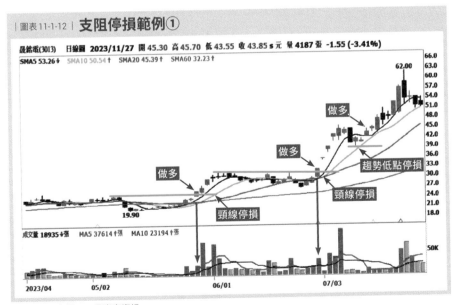

資料來源：富邦 e01 及嘉實資訊

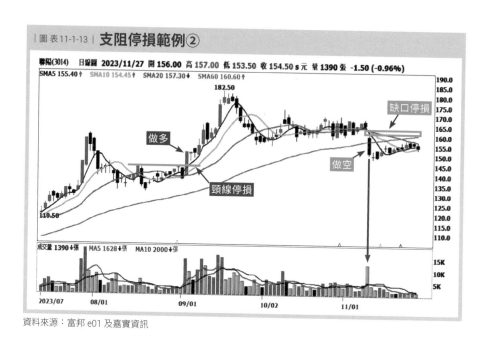

| 圖表 11-1-13 | 支阻停損範例②

資料來源：富邦 e01 及嘉實資訊

　　5. 絕對停損：明顯判斷錯誤，絕對要停損的位置點，否則極易造成重大損失（圖表 11-1-14、圖表 11-1-15）：

　　（1）盤整區布局多單，股價跌破盤整區絕對要停損。

　　（2）多頭高檔趨勢反轉，空頭確認，多單絕對要停損。

　　（3）空頭低檔趨勢反轉，多頭確認，空單絕對要停損。

　　（4）股價跌幅超過 10%，絕對要停損，不可再拗單。

　　（5）逆勢單的反轉，要立刻停損。

二、上漲預測獲利目標

　　1. 多頭向上會遇到上面很多的壓力，在短線操作先以靠近股價最近的壓力作為短期初步的獲利目標。

　　2. 向上的壓力有前高、長週期均線下彎、大量黑 K、向下跳空

| 圖表 11-1-14 | **絕對要停損的位置範例①**

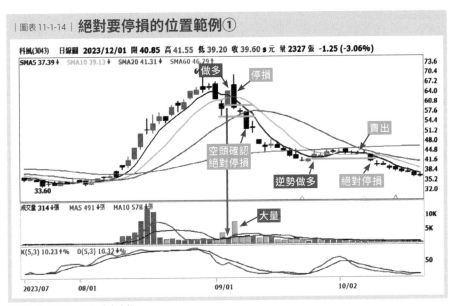

資料來源：富邦 e01 及嘉實資訊

| 圖表 11-1-15 | **絕對要停損的位置範例②**

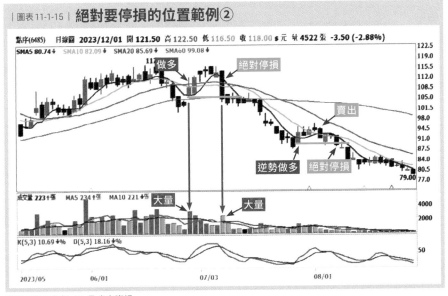

資料來源：富邦 e01 及嘉實資訊

缺口、盤整區（日線看短線壓力，週線看中長期壓力）。

3. 多頭趨勢的特性為「見壓不是壓」，所以上漲到預定壓力時，要觀察多空力量變化所出現的 K 線是否有轉折訊號，並且配合個人操作的紀律（例如做短線守 5 日均線操作）再決定是否出場，也可以考慮到達壓力時的獲利，是否達到預期目標或超過設定目標再決定是否出場。或是當快速上漲與月線的乖離太大時，決定是否要出場。

4. 日線短線合乎條件進場，獲利出場後，只要多頭走勢沒有改變，可以繼續做多，上漲之後，走勢合乎中長期條件時，可以改為中長期操作。

5. 任何完美的條件進場，都有一定的失敗機率，所以每次操作都要控制好風險，依據個人資金分配，考慮買進的數量，用個人所能承擔的賠錢風險，設定萬一失敗的停損位置。

6. 股價收盤跌破停損價，執行停損賣出，沒有停損開始獲利，守紀律操作持股，守紀律停利。

三、上漲未過前高的可能變化

上漲未過前高（出現頭頭低時），可能的變化說明如下：

1. 上漲未過前高，進入盤整，短線出場，長線續抱。

2. 上漲未過前高，反轉成空頭，長線出場。

3. 上漲未過前高，盤整後續走多頭，短多進場做多。

四、上漲突破前高的可能變化

上漲突破前高（維持頭頭高），可能的變化說明如下：

1. 多頭趨勢不變。

2. 短線準備停利，短線跌破 MA5 出場。

3. 拉回鎖股做多。

五、上漲遇到壓力位置

1. 遇日線壓力位置的應對：突破壓力續抱，遇壓下跌，短線跌破 MA5 出場。

2. 遇週線壓力的應對：看日線漲跌，依據操作 SOP 操作。

投入資金的分配原則

投入股市的資金，就是投資人在股市作戰的子彈，也是經營事業的本錢，沒有資金，即使有再好的機會，也無法實現獲利；即使有了一筆資金做股票，如果控管不善，也會有重大損失。

一、資金規劃重要原則

1. 投入股市的資金，不可超過個人可運用資金的二分之一。

2. 千萬不可借貸資金來買股票。

3. 資金投入股市前，要充分了解股市的風險。

4. 股市行情再好，也不可以全部資金投入買到滿倉，最多投入資金的 9 成。

5. 當有獲利時，要收回獲利的部分資金為準備金。

二、隨大盤走勢調整資金比例

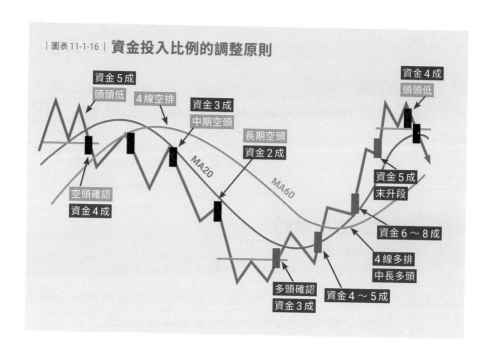

|圖表 11-1-16| 資金投入比例的調整原則

　　舉例來說，台股在 2022 年 1 月 21 日確認趨勢轉空頭時，投入股市的資金開始控制在 5 成之內，3 月 7 日長黑 K 跌破支撐，均線 4 線空頭排列下彎，趨勢形成中期空頭時，投入股市的資金應該減少到 3 成之內，這樣即使後面出現大跌，也不至於影響到整體財務狀況，日後趨勢轉成多頭時，再逐步增加資金的投入（圖表 11-1-17）。

|圖表 11-1-17| **隨大盤走勢調整資金比例範例①**

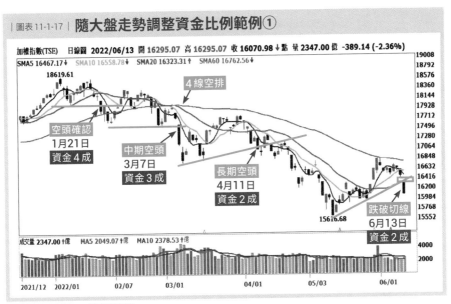

資料來源：富邦 e01 及嘉實資訊

|圖表 11-1-18| **隨大盤走勢調整資金比例範例②**

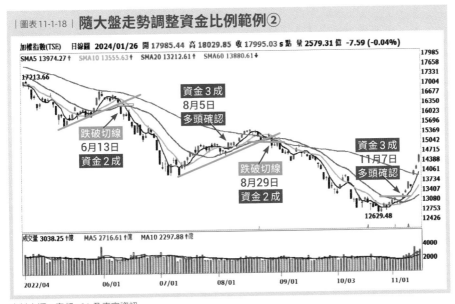

資料來源：富邦 e01 及嘉實資訊

| 圖表 11-1-19 | **隨大盤走勢調整資金比例範例③**

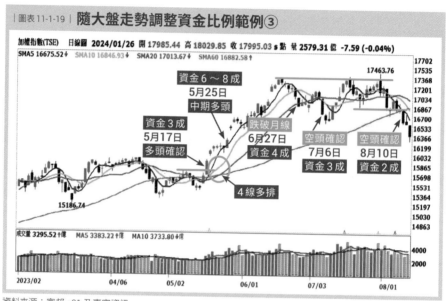

資料來源：富邦 e01 及嘉實資訊

學習筆記

11-2

進場實戰操作SOP

進場實戰操作，首先設定停損，可固定以買進價的 5% 為停損價，當日收盤跌破停損價賣出持股。

短線波段操作守則

1. 在多頭進場位置進場，K線要符合下列條件：收盤突破MA5，突破前一日K線高點，出現漲幅2%以上紅K實體棒，MA20向上，KD指標的K值要向上，成交量增加或量平均亦可。

2. 停損設進場價5%，收盤跌破停損出場。

3. 收盤出現「頭頭低」，趨勢改變出場。

4. 沒有跌破停損續抱。

5. 上漲幅度未達10%，跌破MA5，續抱。

6. 上漲幅度超過10%，收盤跌破MA5，停利。

7. 上漲獲利超過20%，或者連續3天以上長紅K上漲，或連續急漲，出現大量長黑K沒有跌破前一日K線低點，減碼二分之一，次日開低向下全部出場。

8. 上漲獲利超過20%，當日大量長黑K收盤跌破前一日K線低點，全部出場。

9. 大量紅K收盤突破MA5，但KD值向下，待K值向上再買。

10. 進場紅K線上影線超過二分之一，多單不買進，視次日漲跌再決定是否買進。

11. 遇壓黑K下跌，黑K跌破前一日紅K的二分之一（強覆蓋），K值下彎，多單可以先賣出二分之一。

12. 高檔爆量長上影線為壓力，下跌再上漲，進場點與高點壓

未達5%，等突破上影線高點再買進。

13. 下跌再上漲，進場點與高點壓達10%，未跌破月線，仍可做回後買上漲，上漲未過高點出現大量黑K，立刻出場。

14. 高檔連2日爆量，回檔連3黑，「回後買上漲點」不進。

15. 做多時黑K跌破MA5，跌幅小於1%，量縮，MA20向上，當日可以續抱，次日下跌賣出。

16. 做多遇K線橫盤時，跌破MA5續抱，跌破K線橫盤時賣出。

17. 低檔（初升段、主升段）起漲進場後，遇橫盤（漲幅5%以內）或下跌（沒有到停損），股價再次放量、紅K上漲，可以加碼，加碼單按紀律設停損停利操作。

18. 短波段漲幅達10%以上，都不宜加碼。

19. 週線接近壓力日線，出現黑K跌破MA5，多單要先出場。

20. 底部反轉，多頭月線上揚做多，上漲突破季線，若季線向下，回檔跌破5均，短線漲幅即使未達10%，多單要先出場。

長線波段操作守則

一、多頭長線選股條件

1. 月線大量中長紅K突破下降切線，反彈站上MA20。

2. 週線多頭，均線3線多排，底部放大量。

3. 日線多頭，均線4線多排，底部多頭確認後起漲。

二、多頭長線操作SOP

多頭長線（MA20均線）的操作SOP（日線操作＋週線走勢）

說明如下：

　　1. 日線多頭進場位置，收盤突破MA5，突破前一日K線高點，出現漲幅2%以上紅K實體棒買進。

　　2. 停損設進場價5%，收盤跌破停損出場。

　　3. 收盤出現「頭頭低」，趨勢改變出場。

　　4. 沒有跌破停損續抱。

　　5. 上漲幅度超過10%以上，收盤跌破MA20停利。

　　6. 上漲一波獲利超過20%，連續3天以上長紅K上漲，或連續急漲，出現大量長黑K跌破前一日K線低點出場。

　　7. 出場後股價由起漲算漲幅未超過50%，符合日線進場條件，可再次進場做長線第2波，進場後重複2～7操作。

　　8. 股價上漲約1倍位置之後，不做長線操作。

飆股交易實戰守則

一、如何選到飆股？

　　1. 曾經有飆漲紀錄的股票，為第一優先。

　　2. 中小型個股，主力容易介入操作。

　　3. 圖形要長期盤整（2個月以上）、左低右高（2支腳以上）、過頸線向上發動、過頸線回測再發動，第1段飆漲短期整理再發動。

　　4. 雙重底的大量突破上漲，均線4線多排。

　　5. 均線糾結的大量紅K上漲。

　　6. 大量紅K上漲突破空頭連續下跌的長期下降切線，強勢反彈站上月線後，盤整的大量紅K突破上漲。

7. 所有發動點，要配合適當的擴大成交量。

8. 每天將當日強勢股一一過目，有符合以上特徵的股票，趕快列入鎖股。

二、飆股完全依技術面操作

1. 未破上升趨勢線，可續抱。

2. 未破前 2 日低價，可續抱。

3. 未破 3 日均線，可續抱。

4. 未出現黑 K，可續抱。

5. 成交量研判：

（1）無量飆漲，可續抱。

（2）量稍放大，價仍穩可續抱。

（3）量放大，價大幅震盪，可先出一半。

（4）量大增，價仍收紅，保守者先出或再看次日。

（5）量大增，開高走低，出現黑 K，高點已到，迅速賣出。

三、飆股的 3 種變化

飆股 3 種變化包括：起飆拉回再飆、長黑 K 洗盤再飆、續勢整理再飆。80% 飆股有 2 波上漲，10% 飆股有 3 波上漲，10% 飆股只有 1 波上漲。

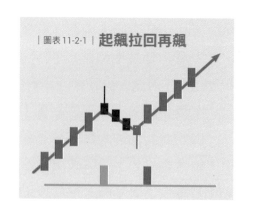

| 圖表 11-2-1 | 起飆拉回再飆

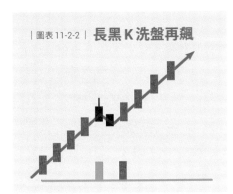

|圖表11-2-2| **長黑K洗盤再飆**

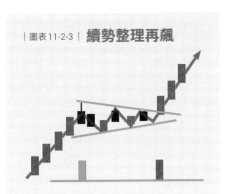

|圖表11-2-3| **續勢整理再飆**

|圖表11-2-4| **飆股操作範例①**

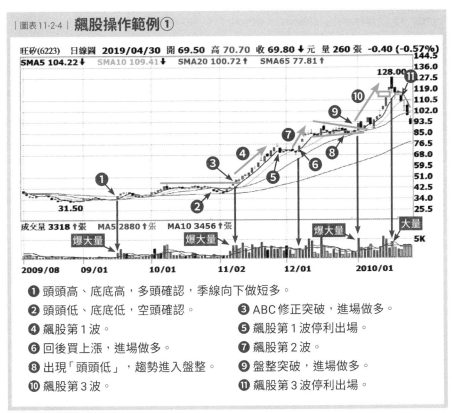

❶ 頭頭高、底底高,多頭確認,季線向下做短多。

❷ 頭頭低、底底低,空頭確認。　　❸ ABC修正突破,進場做多。

❹ 飆股第1波。　　　　　　　　　❺ 飆股第1波停利出場。

❻ 回後買上漲,進場做多。　　　　❼ 飆股第2波。

❽ 出現「頭頭低」,趨勢進入盤整。❾ 盤整突破,進場做多。

❿ 飆股第3波。　　　　　　　　　⓫ 飆股第3波停利出場。

資料來源:富邦e01及嘉實資訊

325

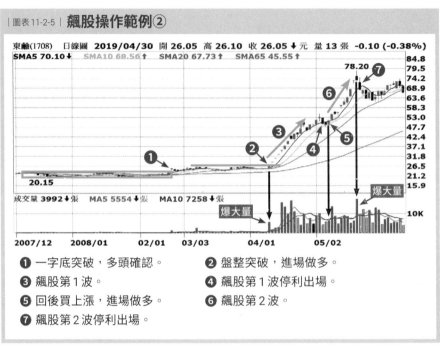

圖表 11-2-5 | **飆股操作範例②**

❶ 一字底突破,多頭確認。　❷ 盤整突破,進場做多。
❸ 飆股第 1 波。　❹ 飆股第 1 波停利出場。
❺ 回後買上漲,進場做多。　❻ 飆股第 2 波。
❼ 飆股第 2 波停利出場。

資料來源:富邦 e01 及嘉實資訊

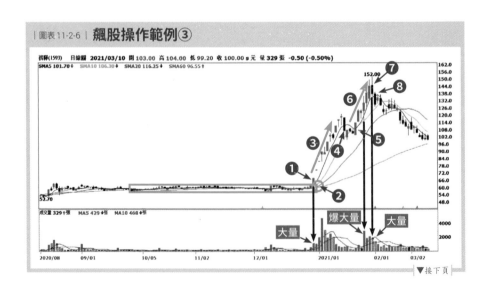

圖表 11-2-6 | **飆股操作範例③**

▼接下頁

▼

❶ 一字底突破,多頭確認,進場做多。　　❷ 均線4線多排。

❸ 飆股第1波。　　❹ 飆股第1波停利出場。

❺ 回後買上漲,進場做多。　　❻ 飆股第2波。

❼ 獲利超過30%,出現大量長黑,飆股第2波停利出場。

❽ 長黑跌破5日均線,股價一路下跌。

資料來源:富邦 e01 及嘉實資訊

| 圖表 11-2-7 | **飆股操作範例④**

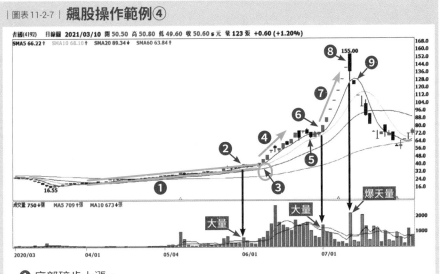

❶ 底部碎步上漲。

❷ 大量紅K突破上升軌道線,多方力道轉強,進場做多。

❸ 均線4線多排。　　❹ 飆股第1波。

❺ 飆股第1波停利出場。　　❻ 回後買上漲,進場做多。

❼ 飆股第2波。

❽ 獲利超過60%,出現大量長黑,飆股第2波停利出場。

❾ 長黑跌破5日均線,股價一路下跌。

資料來源:富邦 e01 及嘉實資訊

11-3

12個操作口訣
圖形練功

口訣1：多頭大量不漲，股價要回檔（當日或後數日）。

| 圖表11-3-1 | **口訣1圖形範例①**

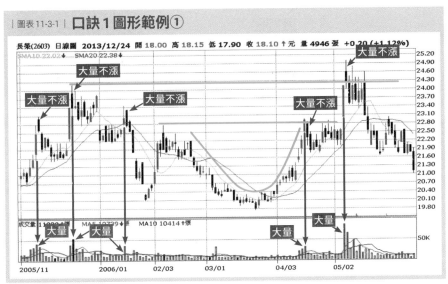

資料來源：富邦 e01 及嘉實資訊

| 圖表11-3-2 | **口訣1圖形範例②**

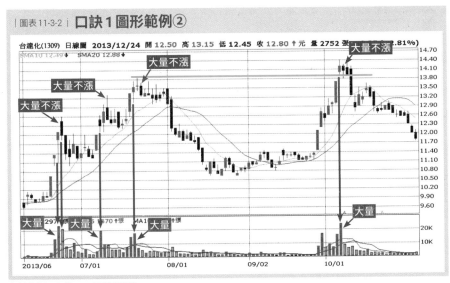

資料來源：富邦 e01 及嘉實資訊

活用技術分析寶典下

飆股上校朱家泓 40 年實戰精華 從 K 線、均線到交易高手的養成祕笈

| 圖表11-3-3 | 口訣 1 圖形範例③

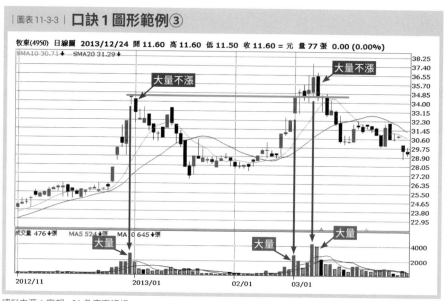

資料來源：富邦 e01 及嘉實資訊

| 圖表11-3-4 | 口訣 1 圖形範例④

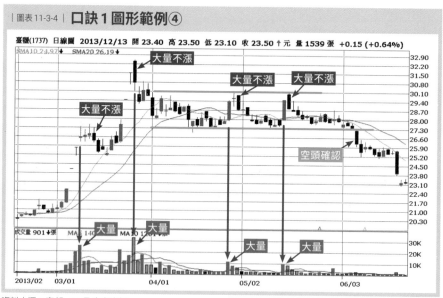

資料來源：富邦 e01 及嘉實資訊

330

口訣2：空頭大量不跌，股價要反彈（當日或後數日）。

| 圖表11-3-5 | **口訣2圖形範例①**

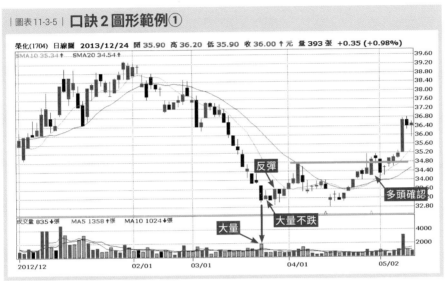

資料來源：富邦 e01 及嘉實資訊

| 圖表11-3-6 | **口訣2圖形範例②**

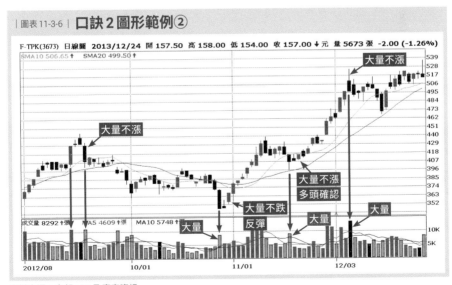

資料來源：富邦 e01 及嘉實資訊

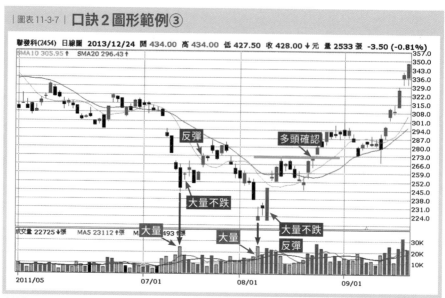

圖表 11-3-7 **口訣 2 圖形範例③**

資料來源：富邦 e01 及嘉實資訊

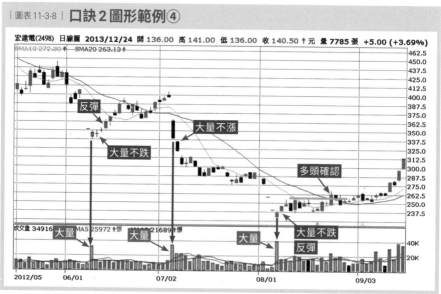

圖表 11-3-8 **口訣 2 圖形範例④**

資料來源：富邦 e01 及嘉實資訊

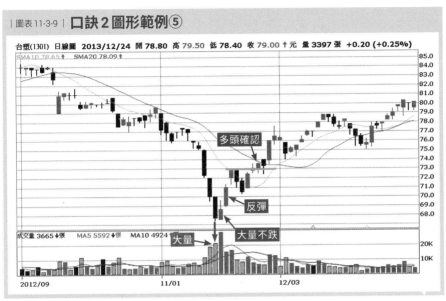

| 圖表 11-3-9 | 口訣 2 圖形範例⑤

資料來源：富邦 e01 及嘉實資訊

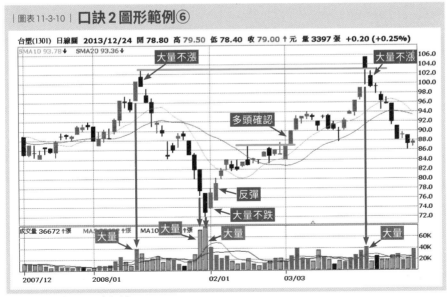

| 圖表 11-3-10 | 口訣 2 圖形範例⑥

資料來源：富邦 e01 及嘉實資訊

口訣3：多頭利多不漲，主力出貨做頭。

口訣4：空頭利空不跌，主力進場築底。

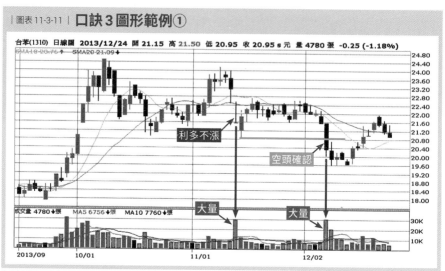

| 圖表11-3-11 | **口訣3圖形範例①**

資料來源：富邦 e01 及嘉實資訊

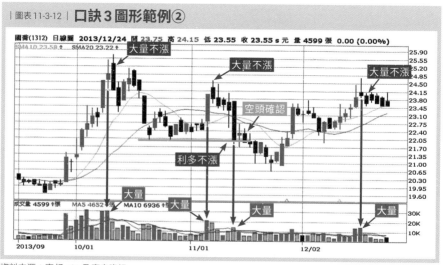

| 圖表11-3-12 | **口訣3圖形範例②**

資料來源：富邦 e01 及嘉實資訊

口訣5：多頭該回不回，過高要大漲。

| 圖表 11-3-13 | **口訣5圖形範例①**

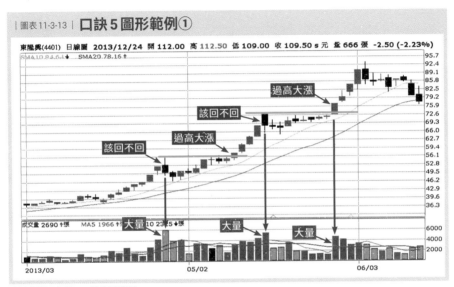

資料來源：富邦 e01 及嘉實資訊

| 圖表 11-3-14 | **口訣5圖形範例②**

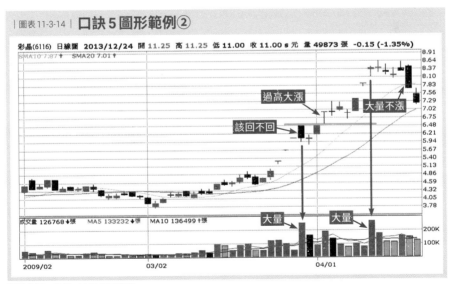

資料來源：富邦 e01 及嘉實資訊

| 圖表 11-3-15 | **口訣 5 圖形範例③**

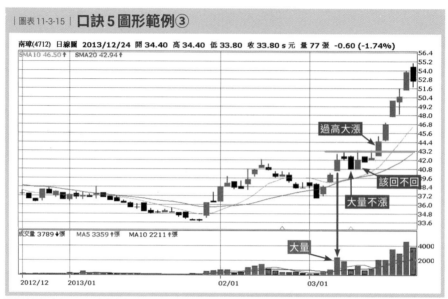

資料來源：富邦 e01 及嘉實資訊

| 圖表 11-3-16 | **口訣 5 圖形範例④**

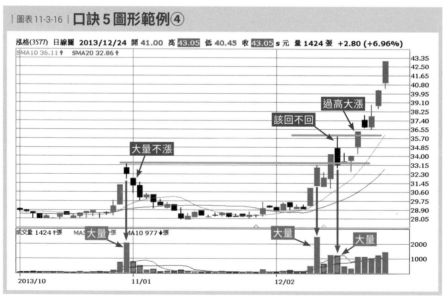

資料來源：富邦 e01 及嘉實資訊

口訣6：空頭該彈不彈，破低要大跌。

|圖表11-3-17| **口訣6圖形範例①**

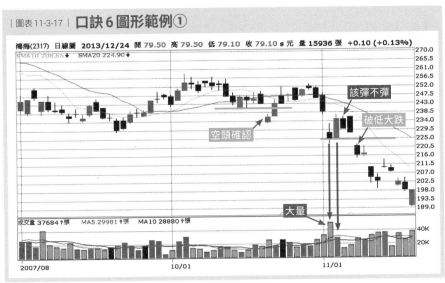

資料來源：富邦 e01 及嘉實資訊

|圖表11-3-18| **口訣6圖形範例②**

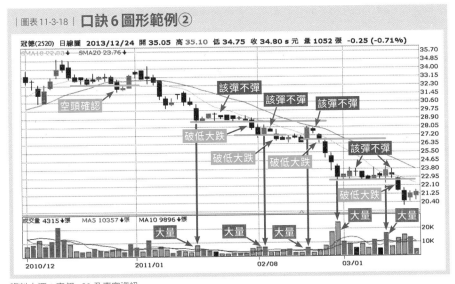

資料來源：富邦 e01 及嘉實資訊

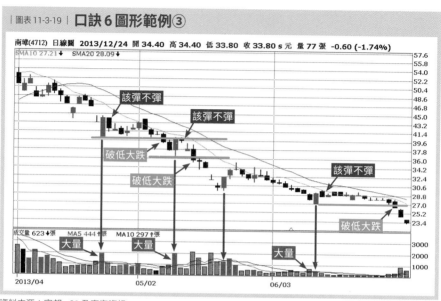

| 圖表 11-3-19 | 口訣 6 圖形範例③

資料來源：富邦 e01 及嘉實資訊

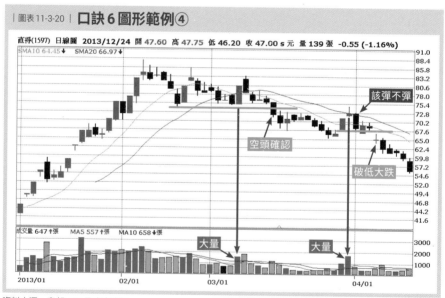

| 圖表 11-3-20 | 口訣 6 圖形範例④

資料來源：富邦 e01 及嘉實資訊

口訣 7：多頭完成反轉，要大跌。

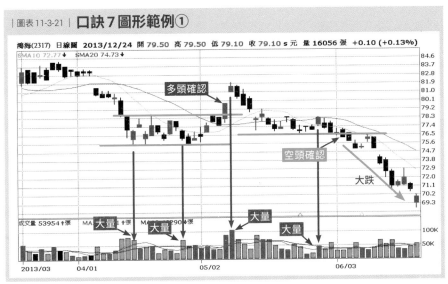

| 圖表 11-3-21 | 口訣 7 圖形範例①

資料來源：富邦 e01 及嘉實資訊

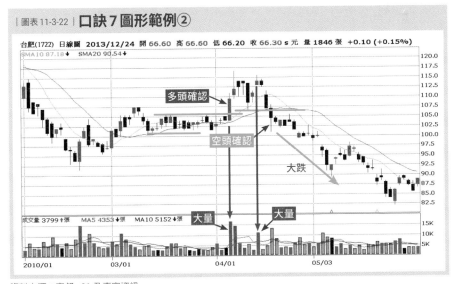

| 圖表 11-3-22 | 口訣 7 圖形範例②

資料來源：富邦 e01 及嘉實資訊

| 圖表 11-3-23 | 口訣 7 圖形範例③

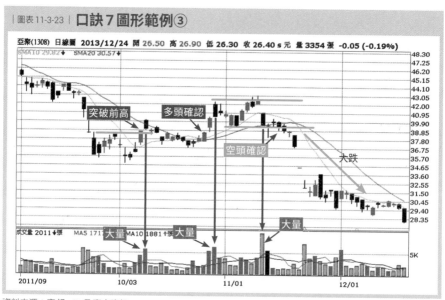

資料來源：富邦 e01 及嘉實資訊

| 圖表 11-3-24 | 口訣 7 圖形範例④

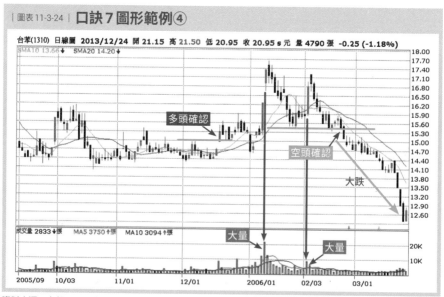

資料來源：富邦 e01 及嘉實資訊

口訣8：空頭完成反轉，會大漲。

| 圖表 11-3-25 | **口訣8圖形範例①**

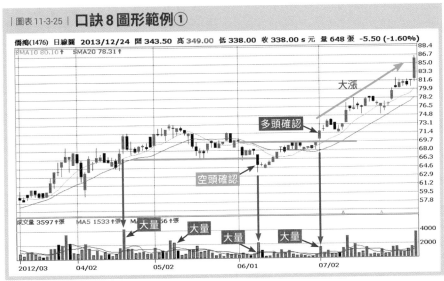

資料來源：富邦 e01 及嘉實資訊

| 圖表 11-3-26 | **口訣8圖形範例②**

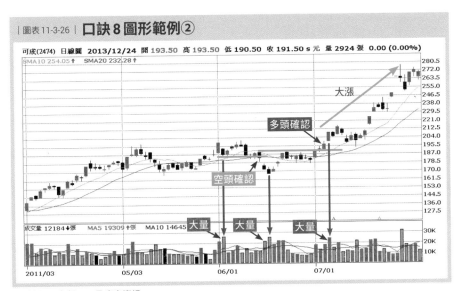

資料來源：富邦 e01 及嘉實資訊

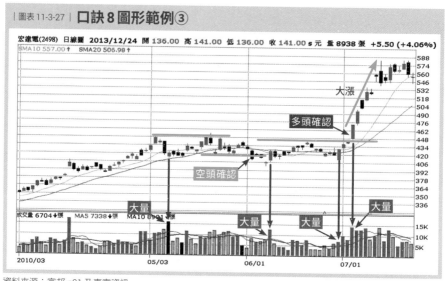

|圖表 11-3-27 | **口訣 8 圖形範例③**

資料來源：富邦 e01 及嘉實資訊

口訣 9：晨星多方主控，夜星空方主控，晨星對夜星，強多對強空。

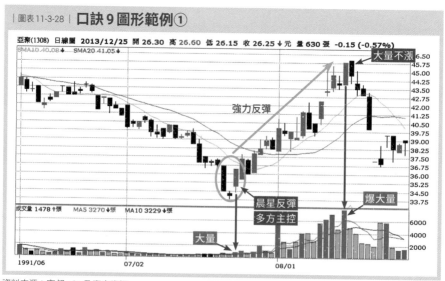

|圖表 11-3-28 | **口訣 9 圖形範例①**

資料來源：富邦 e01 及嘉實資訊

|圖表 11-3-29| **口訣9圖形範例②**

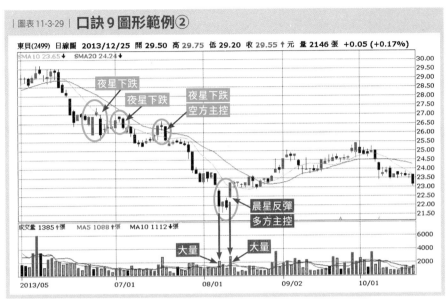

資料來源：富邦 e01 及嘉實資訊

|圖表 11-3-30| **口訣9圖形範例③**

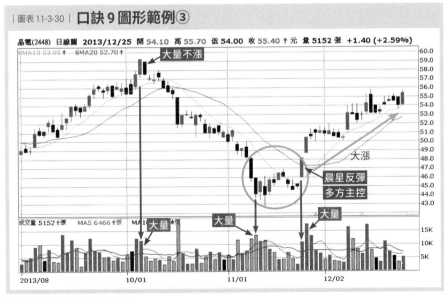

資料來源：富邦 e01 及嘉實資訊

活用技術分析寶典下

飆股上校朱家泓 40 年實戰精華 從 K 線、均線到交易高手的養成祕笈

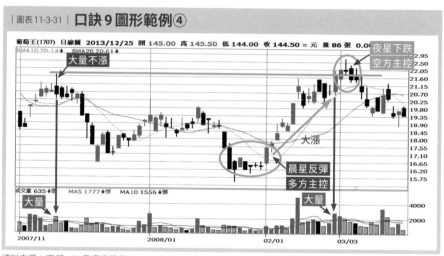

|圖表 11-3-31 | 口訣 9 圖形範例④

資料來源：富邦 e01 及嘉實資訊

口訣 10：一星二陽，長紅跌破，近日易大跌；一星二陰，長黑突破，近日易大漲。

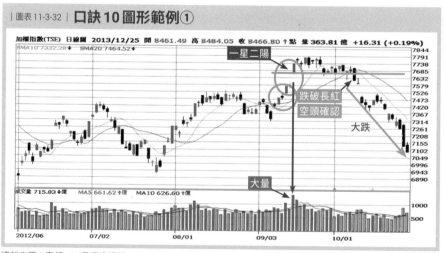

|圖表 11-3-32 | 口訣 10 圖形範例①

資料來源：富邦 e01 及嘉實資訊

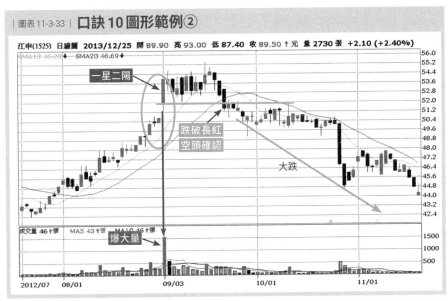

| 圖表 11-3-33 | 口訣 10 圖形範例②

資料來源：富邦 e01 及嘉實資訊

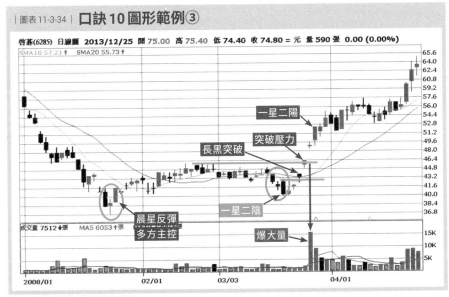

| 圖表 11-3-34 | 口訣 10 圖形範例③

資料來源：富邦 e01 及嘉實資訊

口訣11：關前放大量，股價不漲要回檔。

| 圖表11-3-35 | **口訣11圖形範例①**

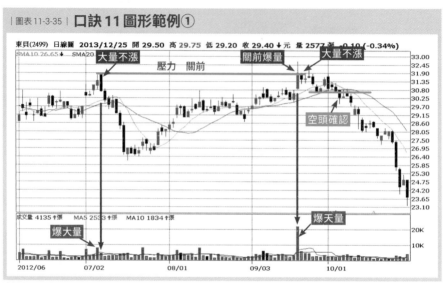

資料來源：富邦 e01 及嘉實資訊

| 圖表11-3-36 | **口訣11圖形範例②**

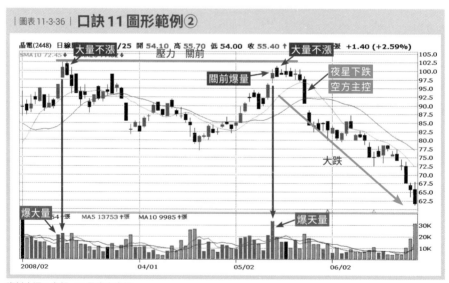

資料來源：富邦 e01 及嘉實資訊

| 圖表 11-3-37 | **口訣 11 圖形範例③**

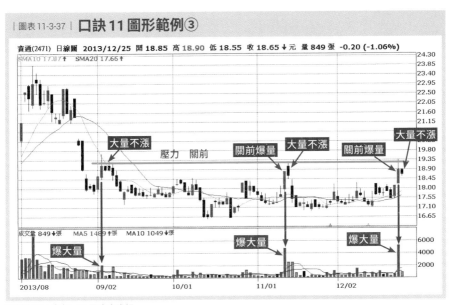

資料來源：富邦 e01 及嘉實資訊

| 圖表 11-3-38 | **口訣 11 圖形範例④**

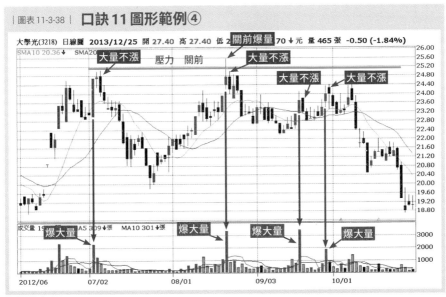

資料來源：富邦 e01 及嘉實資訊

| 圖表 11-3-39 | **口訣 11 圖形範例⑤**

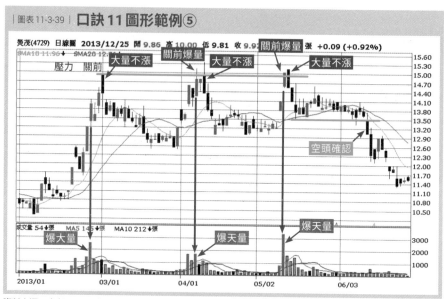

資料來源：富邦 e01 及嘉實資訊

| 圖表 11-3-40 | **口訣 11 圖形範例⑥**

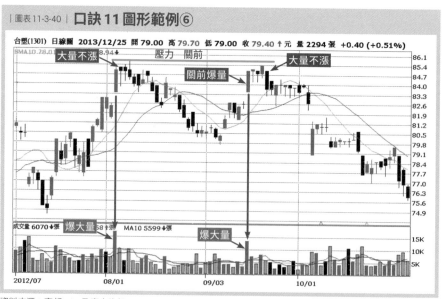

資料來源：富邦 e01 及嘉實資訊

口訣12：上漲高檔久盤必跌，下跌低檔久盤必漲。

| 圖表 11-3-41 | **口訣12圖形範例①**

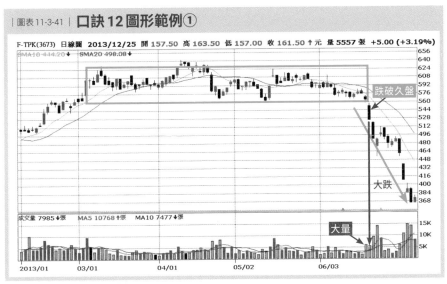

資料來源：富邦 e01 及嘉實資訊

| 圖表 11-3-42 | **口訣12圖形範例②**

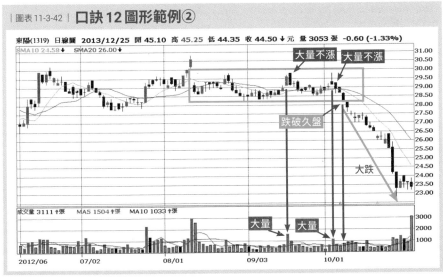

資料來源：富邦 e01 及嘉實資訊

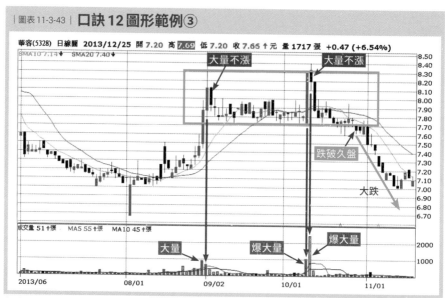

資料來源：富邦 e01 及嘉實資訊

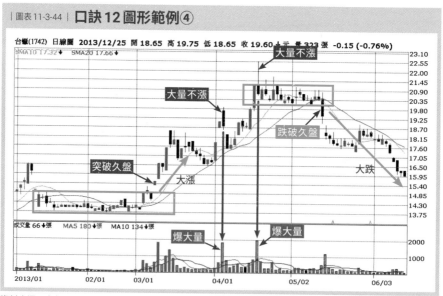

資料來源：富邦 e01 及嘉實資訊

用10萬完成
千萬富翁目標

12-1

高勝率方程式

股票輸贏關鍵是「勝率」

有人認為，做股票像是賭博，運氣好很重要。也有人認為，學技術分析根本沒有用，按照技術分析選到的多頭股票做多，還是會遇到賠錢。如果你也這樣認為，表示你對股票賺賠的道理沒有深入的了解。

俗話說：「久賭必輸」。如果認為做股票像是賭博、是靠運氣，那麼這句話是對的，因為即使到合法正當的賭場（例如新加坡、澳門），一樣會「久賭必輸」，原因很簡單，賭場的任何下注遊戲，賭客獲勝的機率大概只有2成，賠錢的機率高達8成。所以賭一把，你可能贏錢，如果連續賭上100把，你肯定輸錢，沒有運氣。

但是在股市投資，勝負不靠運氣，當你把技術分析學到熟、學到透，應用在股票操作並嚴守紀律，勝負是由自己決定，而成為最終贏家的關鍵，就在於提高勝率，而且要有獲利，意思是操作10次賺9次虧損1次，看起來很不錯，但若賠的那一次把所有獲利都回吐，甚至倒賠，那也是白忙一場。

年獲利20%的「勝率」方程式

1. 對象：初學者第1階段獲利目標。
2. 計畫交易次數：20次（每半年交易10次）。
3. 設定勝率：50%（10次成功，10次失敗）。
4. 每次設定停損：5%。
5. 每次設定停利：7%。

6. 計算全年利潤：（10 次 ×7%）－（10 次 ×5%）＝ 70% － 50%，即年獲利 20%。

由上面的模組可以發現，要達成每年可以獲利 2 成的操作重點如下：

1. 不需要頻繁交易：鎖住符合條件的股票等進場機會，每個月的交易次數只要 1.7 次（每月做不到 2 次），所以並不需要天天都在市場交易，做好選股工作，準備好再進場。

2. 勝率只要達二分之一：這是具備技術分析選股能力的最低要求，每次選股有一半的成功率，就可以達到目標。多頭順勢做多，空頭順勢做空，很容易達到勝率 50% 的要求。

3. 絕對嚴格執行停損：停損嚴格控制在 5%，不能擴大損失。

4. 停利可以擴大：操作成功的股票，當獲利到達目標 7% 時，短期 K 線沒有出現危險訊號，股價仍然保持上漲態勢時，可以提高獲利目標，後續按照紀律停利出場。

提高 2 倍年獲利的進階方式程

上面規劃的「勝率方程式」，是針對初學者或一般在上班的投資人，交易次數不多，年獲利定在 20%，如果要提高全年獲利率，可以調整方程式的設定。

1. 提高勝率：經過學習，謹慎選股，同樣全年交易 20 次，當勝率為 60%，即為 12 勝 8 敗，同樣的停損、停利率，套入方程式計算，全年利潤則為：（12 次 ×7%）－（8 次 ×5%）＝ 84% － 40%，即年獲利 44%，大大提高一倍以上的獲利。

2. 增加操作次數：如果本身可以看盤，全年交易 30 次（平均每個月 2.5 次），其他條件與基本方程式相同，那麼套入方程式計算，全年利潤則為：（15次 × 7%）－（15次 × 5%）＝ 105% － 75%，即年獲利 30%，基本獲利從 20% 提高到 30%，成長了 50%。

3. 增加每次操作獲利：如果做長線波段，每次交易獲利達 15%，全年操作 12 次（每月只做 1 次），勝率 50%，那麼套入方程式計算，全年利潤則為：（6次 × 15%）－（6次 × 5%）＝ 90% － 30%，即年獲利 60%，基本獲利從 20% 提高到 60%，增加了 2 倍！

經過以上的講解，讀者應該清楚知道，股市獲利的關鍵在哪裡了，讀者可以根據自己的環境條件，設定一組「勝率」方程式，固定資金，操作 6 個月試試看能否達到目標。

這裡有個重要關鍵，就是停損 5% 不能擴大，如果不能絕對做到停損 5%，可能 1 次重大虧損，就瓦解了所有努力的成果，切記！切記！依據工作環境不同，專業程度不同，提供下面 5 個方程式給讀者參考。

| 圖表 12-1-1 | **5 種贏家獲利方程式**

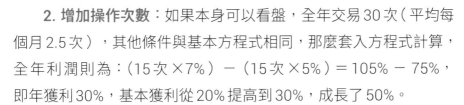

方程式	個人條件	全年 交易次數	勝敗率 （%）	停利率 （%）	停損率 （%）	獲利率 （%）
1	無法看盤或初學者	20次	50 （10勝10敗）	7	5	20
2	學習技術分析，提高選股能力者	20次	60 （12勝8敗）	7	5	44
3	可以看盤，增加交易次數者	30次	50 （10勝10敗）	7	5	30
4	精進技術分析功力，提高交易次數與勝率者	30次	60 （18勝12敗）	7	5	66
5	專業投資人，以提高勝率為目的	12次	58.3 （7勝5敗）	20	5	115

股票做多高勝率進場位置

從上面可以了解，贏家不會沒有把握就隨便出手，也就是說，要等到勝率高的位置才進場，成功的次數多、失敗的次數少，自然能夠累積獲利。

在多頭趨勢確認之後，下面幾個位置條件做多進場，成功機率高。要提醒的是，條件再好，進場後都不要忘記遵守紀律操作。

1. 多頭打底趨勢確認、均線4線多排、收盤突破 MA5、大量、實體紅K棒（漲幅大於2%），收盤確認的位置才出手做多。

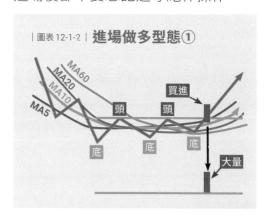

| 圖表 12-1-2 | 進場做多型態①

2. 多頭回檔不破前低、均線4線多排、實體紅K棒（漲幅大於2%）收盤突破 MA5、大量的位置，出手做多。

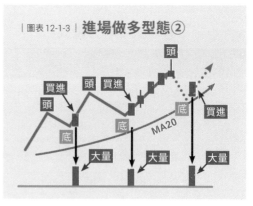

| 圖表 12-1-3 | 進場做多型態②

3. 收盤突破盤整上頸線、均線4線多排、大量、實體紅K棒（漲幅大於2%）的位置，出手做多。

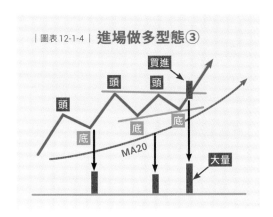

│圖表12-1-4│ **進場做多型態③**

4. 實體紅K棒收盤突破均線3線或4線糾結（一字底）、大量的位置，出手做多。

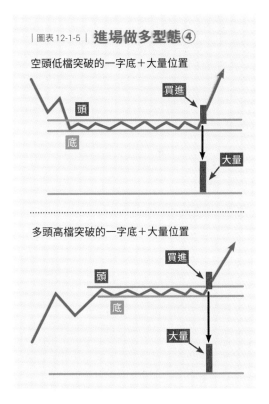

│圖表12-1-5│ **進場做多型態④**

空頭低檔突破的一字底＋大量位置

多頭高檔突破的一字底＋大量位置

5. 強勢股回檔 1 ～ 2 天後，出現強勢續攻的實體紅 K 棒、大量、收盤突破下跌黑 K 高點的位置，出手做多。

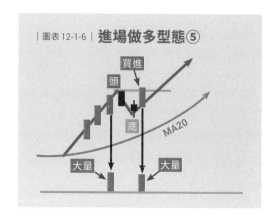

| 圖表 12-1-6 | **進場做多型態⑤**

6. 假跌破真上漲的實體紅 K 棒、大量、收盤突破盤整上頸線的位置，出手做多。

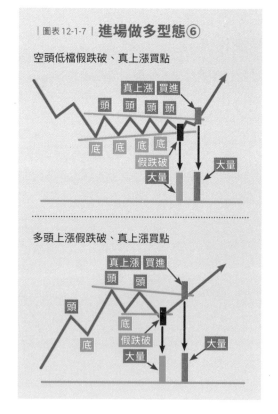

| 圖表 12-1-7 | **進場做多型態⑥**

空頭低檔假跌破、真上漲買點

多頭上漲假跌破、真上漲買點

股票做空高勝率進場位置

同樣的，空頭趨勢確認之後，下面幾個位置條件做空進場，成功機率高。無論條件再好，進場後都不要忘記要守紀律操作。

1. 空頭盤頭趨勢確認、均線4線空排、大量、實體黑K棒（跌幅大於2%），收盤確認的位置才出手做空。

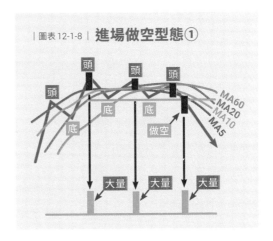

| 圖表 12-1-8 | **進場做空型態①**

2. 空頭反彈不過前高、均線4線空排、實體黑K棒（跌幅大於2%）收盤跌破MA5的位置，出手做空。

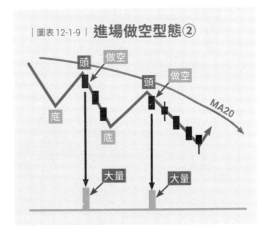

| 圖表 12-1-9 | **進場做空型態②**

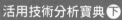

3. 實體黑 K 棒（跌幅大於 2%）收盤跌破盤整下頸線、均線 4 線空排、大量的位置，出手做空。

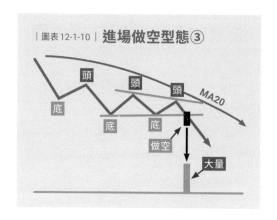

|圖表 12-1-10 | **進場做空型態③**

4. 實體黑 K 棒收盤跌破均線 3 線或 4 線糾結（一字橫盤）、大量的位置，出手做空。

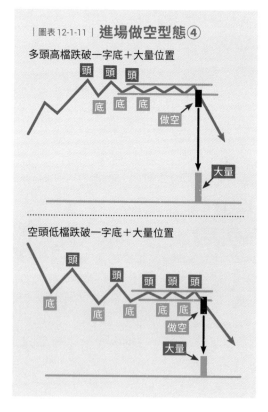

|圖表 12-1-11 | **進場做空型態④**

多頭高檔跌破一字底＋大量位置

空頭低檔跌破一字底＋大量位置

5. 空頭紅K反彈1～2天後的實體黑K棒，跌破紅K的低點位置，出手做空。

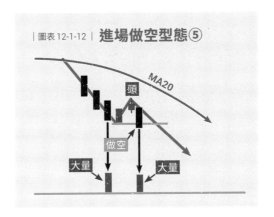

|圖表 12-1-12 | **進場做空型態⑤**

6. 假突破真下跌的實體黑K棒，收盤跌破盤整下頸線才出手做空。

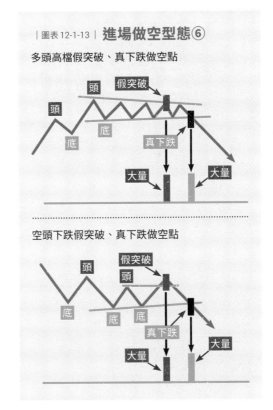

|圖表 12-1-13 | **進場做空型態⑥**

多頭高檔假突破、真下跌做空點

空頭下跌假突破、真下跌做空點

12-2

技術分析操作的
目標管理

晉升千萬富翁的目標設定

在股市或期貨市場中，年年都有賺1～2倍的機會。10萬元起家，每年賺1倍，資產成長計算如下：

1. 第1年，10萬元成長到20萬元；

2. 第2年，20萬元成長到40萬元；

3. 第3年，40萬元成長到80萬元；

4. 第4年，80萬元成長到160萬元；

5. 第5年，160萬元成長到320萬元；

6. 第6年，320萬元成長到640萬元；

7. 第7年，640萬元成長到1,280萬元；

8. 第8年，1,280萬元成長到2,560萬元。

由1年1倍的複利觀念可看出，第7年即可達到千萬的目標，這裡大家要關注的是1年是否可以賺到100%的獲利，如果可以，當然就沒有問題。

1年獲利100%，直覺反應不可能，真的嗎？當我們把大目標分成小階段目標，你再思考一下是否有可能，1年有12個月，換句話說，當每個月獲利8.33%就可以達到目標了，每個月有4週交易時間，每星期能夠獲利2.1%就能夠達到目標！

換句話說，買進一檔股票，耐心地按照技術分析的紀律操作，用2個星期時間獲利4.2%，就可以完成1年獲利1倍的目標。

2個星期獲利4.2%，就是我們要努力學習技術分析操作的目標設定，當讀者精通本書的選股與操作技巧，自然就不難了。

為什麼要設定這樣的目標？有了目標，才能有方向全力去執

行，並且定時檢討改進；心中有具體獲利目標，也可避免人性不願賠、貪婪不捨賣的弱點，適時做到停損及停利。

為了要達到獲利目標，操作自然謹慎，選股一定都要符合條件才進場，高勝率機會出現才執行進場，進場後按照自己定的交易規則交易，不貪不懼，停損時立刻出場，掌握每一次進場獲利，逐步達到自己設定的目標。

如果目標無法達到，目標不能改變，要檢討改變方法來完成目標。以事業經營角度做好目標管理，除了精通技術分析之外，更重要的是訓練自己操盤的定法及定心。

▌達成目標 4 大重要關鍵

1. 停利比停損重要（目標達成）：停損在前面討論過，虧損不能放大，要嚴格執行，相對的，要達成獲利目標，一定要執行停利，否則獲利回跌，浪費 1 次獲利機會及操作的時間。

2. 短線比長線重要（獲利效率）：短線能夠快速獲利，目標易於掌握，除非出現大波段的機會，否則要抓住每個能夠快速獲利的短線操作機會。當買進後是飆股走勢，利用飆股戰法操作；是強勢波段股，可以長線短做，無論如何都要以快速獲利為第一目標。

3. 強勢比漲勢重要（時間成本）：由於目標管理有時間的限制，所以要選擇強勢股操作，一些緩慢牛步上漲的股票，1 週、半個月上上下下漲不到 5% 的多頭股票，要換成強勢股操作。

4. 紀律操作比選股重要：選到好股票，要實現獲利必須執行操作的紀律，例如選股的條件紀律，進場的位置紀律，停損的紀律，

持股續抱的紀律，停利的紀律，每一步都要執行紀律，如此才能順利完成每一次大賺小賠的交易。

▌3階段設定達成長期贏家目標

一、初階獲利目標設定

以累積經驗、驗證個人操作方法為目標：

1. 固定資金50萬元，練習紀律，不逆勢操作，不用槓桿操作。

2. 以1～2檔股票作為操作標的。

3. 練習時間6個月。

4. 6個月獲利目標12%，每個月獲利2%（全年獲利24%）。

5. 每1個月獲利金額1萬元。

6. 6個月初階練習完成，定出個人交易方法，包括下列項目：

 (1) 選股條件：基本面（公司類別、股本、財報、本益比、發展等），技術面（日、週、月的走勢分析及指標分析）；籌碼面（融資、融券、3大法人買賣超、主力進出成交量的變化）。

 (2) 進場條件：多頭符合做多的基本進場條件，空頭符合做空的基本進場條件。

 (3) 交易策略：練習操短線操作。

二、進階獲利目標設定

熟練個人操作方法，提高獲利目標，累積各種應變經驗。

1. 固定資金80萬元，練習紀律，不逆勢操作，不用槓桿操作。

2. 以 1 ～ 3 檔股票作為操作標的。

3. 練習時間 6 個月。

4. 6 個月獲利目標 30%，每個月獲利 5%（全年獲利 60%）。

5. 每 1 個月獲利金額 4 萬元。

6. 6 個月練習階段完成，修正個人交易方法，包括下列項目：

　　（1）熟練選股策略，以主流、強勢股操作。

　　（2）熟練多空雙向操作。

　　（3）熟練各種交易策略，分配資金，建立波段操作能力。

　　（4）完成情緒穩定訓練，能夠依紀律進出。

三、終極獲利 1 倍目標設定

建立勝率高的操作模式，長波段搭配短波段操作。

1. 固定資金 100 萬元，開立融資戶，加大槓桿獲利操作。

2. 以 2 ～ 5 檔股票作為操作標的。

3. 6 個月獲利目標 50%，每個月獲利 8.33%（全年獲利 100%）。

4. 每 1 個月要獲淨利 8.3 萬元。

5. 6 個月階段練習完成，固定個人交易方法，包括下列項目：

　　（1）以主流、強勢股操作。

　　（2）無我境界，用紀律機械式操作。

　　（3）分配資金，多元化金融商品操作（期指、選擇權等），
　　　　創造財富。

　　（4）研究基本面，可以用波段操作，提高大波段獲利能力。

學習筆記

12-3

股市贏家
2大交易守則

前面一再強調紀律操作的重要，要成為股市贏家，一 定要建立以下認知：

1. 永遠控制風險，嚴格執行停損。

2. 永遠集中火力，資金不要分散買太多檔的股票，集中操作 2 ～ 5 檔股票，便於管理及專注股票的變化。

3. 永遠要汰弱換強，手中只留強勢上漲的股票。

4. 永遠只操作符合技術分析高勝率條件的股票。

5. 永遠相信技術分析，紀律操作。

除此之外，操作時務必牢記 2 大守則：第一，手上絕對不要有套牢的股票；其次，出手、停利及停損時機效益最大化。

▌守則 1：手上絕對不要有套牢的股票

不願賠小錢賣出、希望明天或後天能夠上漲、不賣就不賠，堅信終有一天能夠解套……這些都是造成股票套牢的原因，一旦手上抱有套牢的股票，心理上會一直背負著沉重的包袱，整天唉聲嘆氣、愁眉苦臉，最終影響家庭生活。也因為不甘心賠錢賣出，導致錢套在股票無法運用。

一、何謂被套牢

1. 股票賠損達 10% 而持有，為輕度套牢。

2. 股票賠損達 20% 而持有，為中度套牢。

3. 股票賠損達 30% 而持有，為重度套牢。

二、如何不讓股票被套牢

1. 認清被套牢的後果

　　（1）短期 3、5 年不一定能夠解套。

　　（2）套牢的股票若是遇到公司經營不善，有可能下市，最終血
　　　　本無歸。

　　（3）資金無流動性，無法創造利潤。

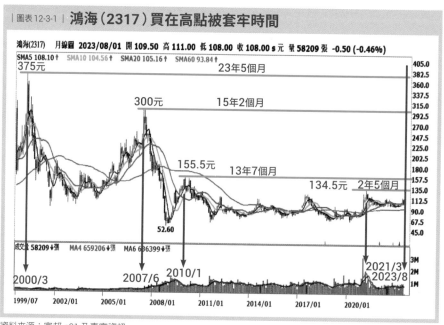

|圖表 12-3-1 | **鴻海（2317）買在高點被套牢時間**

資料來源：富邦 e01 及嘉實資訊

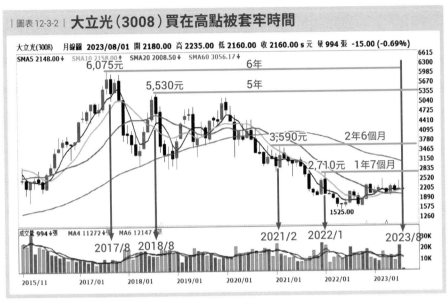

圖表 12-3-2 **大立光（3008）買在高點被套牢時間**

資料來源：富邦 e01 及嘉實資訊

2. 積極正面的思考

(1) 停損，後面才有機會賺錢。

(2) 小賠容易快速反敗為勝。

(3) 當下小賠賣出，避開快速下跌的風險，如果賣錯，再伺機買回也不會遺憾。

(4) 當下小賠高價賣出，止跌反轉後再低價買回，何樂不為。

(5) 留得青山在，不怕沒柴燒。

3. 股票不被套牢積極做法

(1) 嚴格執行停損紀律。

(2) 每天檢視手上股票，跌幅超過 5%，列為警示股，準備賣出。

(3) 無債一身輕，手上都是賺錢的股票，心情愉快諸事順利。

守則 2：牢牢抓住 3 個時機點

一、勝率高的交易機會才出手

1. 任何操作策略的優劣，取決於執行後的勝率及累積的績效，現實面中，無法要求每一次單筆交易都獲利，整體資金的成長才是重點。

2. 有一套高勝率的選股方法加上穩健的操作策略，加以時間的多次練習驗證，理想的績效必會隨著交易次數增加，而變得更加彰顯。

二、獲得最大利潤才停利

1. 基本認知，我們不可能要求能夠賣到最高點。

2. 在適當的時機獲利賣出是重要課題，技術面可以預知上漲的壓力位置，配合成交量與 K 線的表現，也不難知道股價是否走到一波的轉折關鍵點。

3. 無論操作長線或短線，固定一種停利的紀律是非常重要的，可驗以證當天出現的訊號是真訊號還是假訊號，如此自然可以賣在相對高點。

三、接受做錯時的合理停損

1. 無法要求每一次的單筆交易都絕對成功，因此風險控制是絕對必要的。

2. 快速停損，擺脫賠錢的股票，收回資金另外投入高勝率的強勢股票，短時間就可以反敗為勝，同時不會影響整體的績效。

　　只要能夠有計畫地執行複利操作，必能創造驚人績效。研究可以高深，股市操作要簡單，所有研究結果回歸到技術面，順勢而為，定法定心，無我的紀律操作。

12-4

40 年精華總結
熟背 33 種贏家圖像

技術分析的目的，就是看懂一支股票的走勢圖。股票走勢圖是市場長期交易的結果，而市場交易是人為思考決策的結果，幾百年來，股市中人性追高殺低、貪婪恐懼、不願賠的心態沒有改變，因此交易不斷地重複出現相同的走勢，本章總結不斷出現的圖形，讀者能夠熟練每個圖形的變化，自然能夠掌握先機，做好停損停利的準備而應對自如，這些圖形就成為贏家心中必備的圖像。

15種K線多轉空祕笈圖

1. 高檔大量長黑一日反轉圖

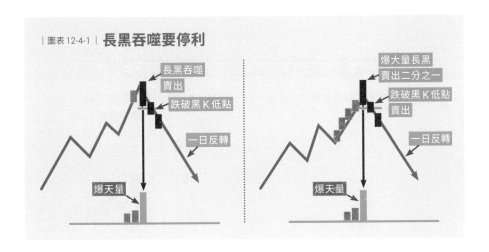

| 圖表 12-4-1 | **長黑吞噬要停利**

| 圖表 12-4-2 | **高檔大量長黑一日反轉範例①**

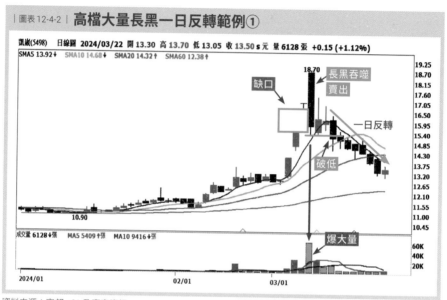

資料來源：富邦 e01 及嘉實資訊

| 圖表 12-4-3 | **高檔大量長黑一日反轉範例②**

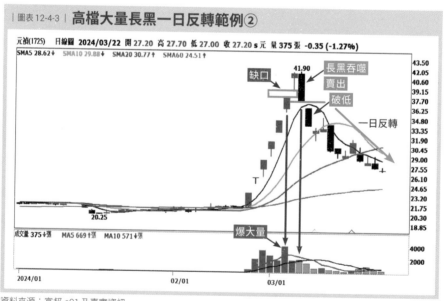

資料來源：富邦 e01 及嘉實資訊

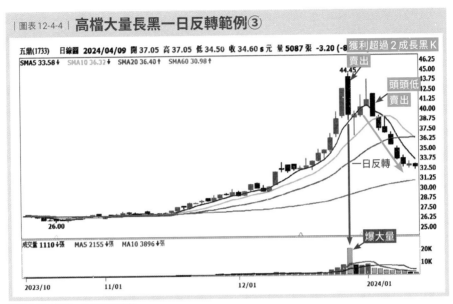

|圖表12-4-4| 高檔大量長黑一日反轉範例③

資料來源：富邦e01及嘉實資訊

2. 大量長黑破切反轉圖

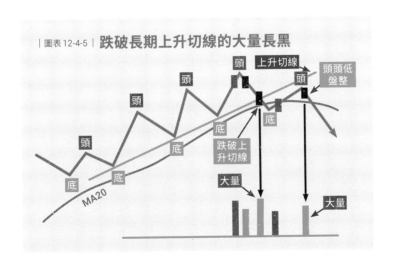

|圖表12-4-5| 跌破長期上升切線的大量長黑

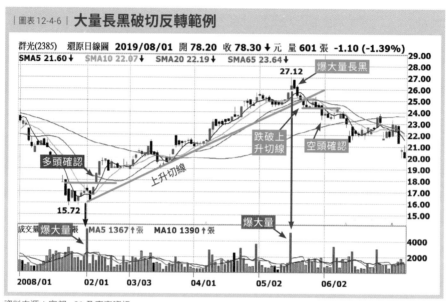

|圖表 12-4-6| **大量長黑破切反轉範例**

群光(2385) 還原日線圖 **2019/08/01 開 78.20 收 78.30 ↓元 量 601 張 -1.10 (-1.39%)**

資料來源：富邦 e01 及嘉實資訊

3. 大量雙頭反轉圖

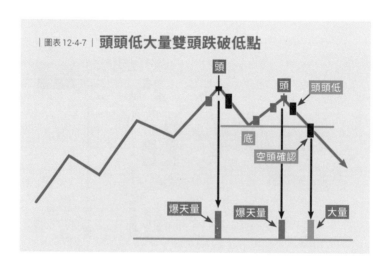

|圖表 12-4-7| **頭頭低大量雙頭跌破低點**

| 圖表 12-4-8 | **大量雙頭反轉範例①**

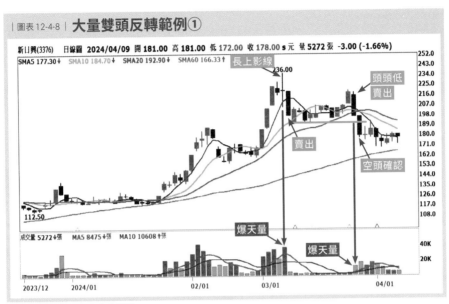

資料來源：富邦 e01 及嘉實資訊

| 圖表 12-4-9 | **大量雙頭反轉範例②**

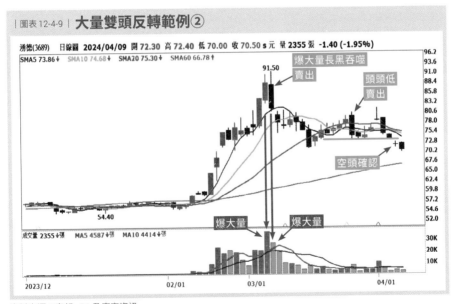

資料來源：富邦 e01 及嘉實資訊

4. 遇壓爆量黑 K 快跑圖

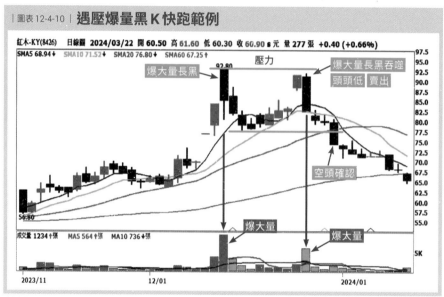

| 圖表 12-4-10 | 遇壓爆量黑 K 快跑範例

資料來源：富邦 e01 及嘉實資訊

5. 高檔連 2 日大量被黑 K 跌破圖

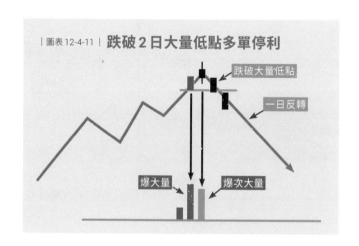

| 圖表 12-4-11 | 跌破 2 日大量低點多單停利

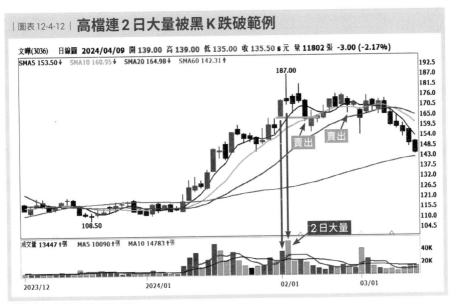

| 圖表12-4-12 | 高檔連2日大量被黑K跌破範例

資料來源：富邦 e01 及嘉實資訊

6. 高檔大量長上影線反轉圖

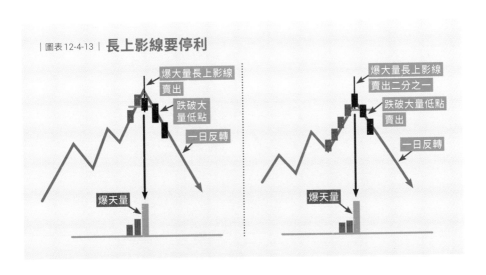

| 圖表12-4-13 | 長上影線要停利

飆股上校朱家泓 40 年實戰精華 從 K 線、均線到交易高手的養成祕笈

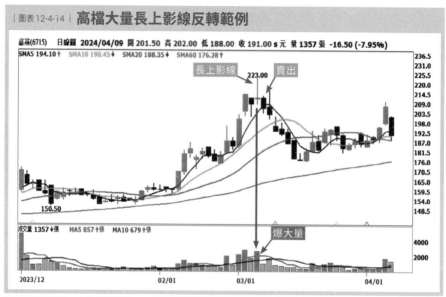

| 圖表 12-4-14 | **高檔大量長上影線反轉範例**

資料來源：富邦 e01 及嘉實資訊

7. 高檔跳空黑 K 回檔反轉圖

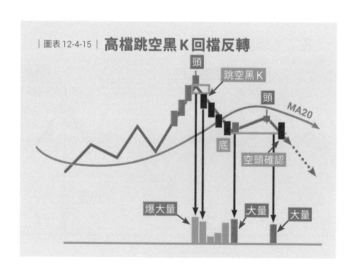

| 圖表 12-4-15 | **高檔跳空黑 K 回檔反轉**

| 圖表12-4-16 | 高檔跳空黑K回檔反轉範例

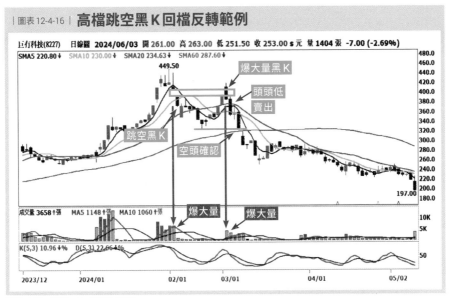

資料來源：富邦 e01 及嘉實資訊

8. 連3天上漲長上影線 大敵當前主力出貨圖

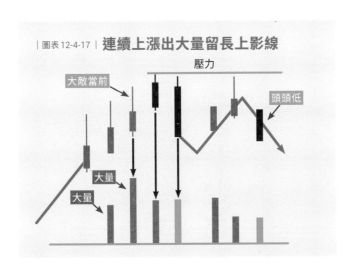

| 圖表12-4-17 | 連續上漲出大量留長上影線

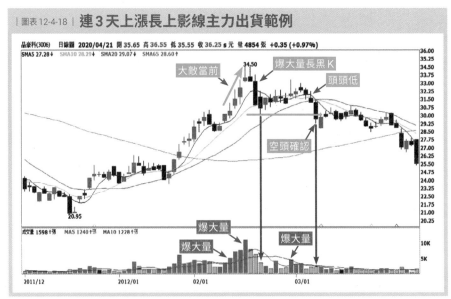

| 圖表 12-4-18 | **連 3 天上漲長上影線主力出貨範例**

資料來源：富邦 e01 及嘉實資訊

9. 反彈大量紅 K 跌破追空圖

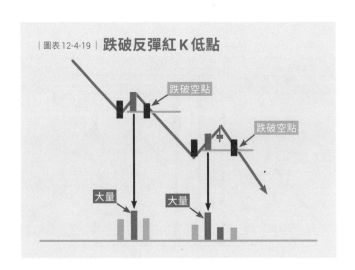

| 圖表 12-4-19 | **跌破反彈紅 K 低點**

|圖表 12-4-20 | **反彈大量紅K跌破追空範例**

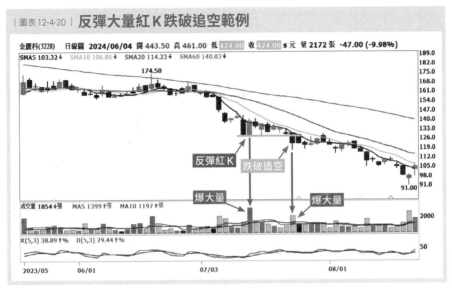

資料來源：富邦 e01 及嘉實資訊

10. 突破高檔前高黑K出現大量要下跌圖

|圖表 12-4-21 | **突破高檔前高黑K出現大量要下跌範例①**

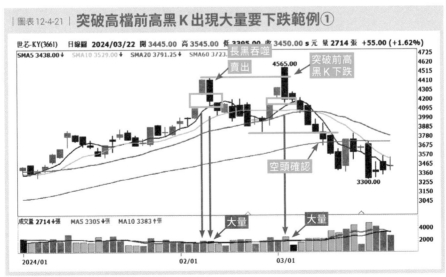

資料來源：富邦 e01 及嘉實資訊

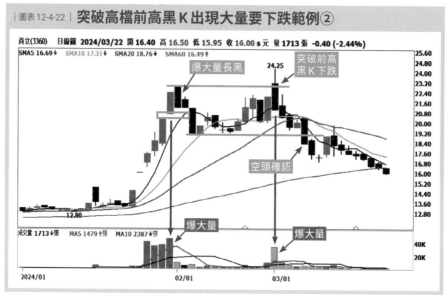

| 圖表 12-4-22 | 突破高檔前高黑 K 出現大量要下跌範例②

資料來源：富邦 e01 及嘉實資訊

11. 黑紅黑續跌圖

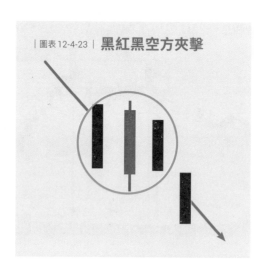

| 圖表 12-4-23 | 黑紅黑空方夾擊

| 圖表 12-4-24 | 黑紅黑續跌範例

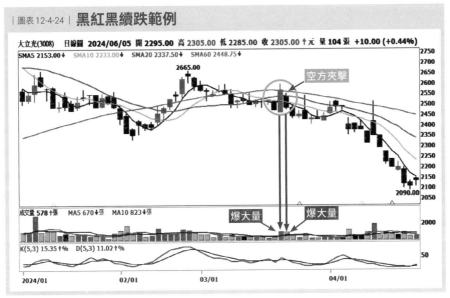

資料來源：富邦 e01 及嘉實資訊

12. 缺口之下續空圖

| 圖表 12-4-25 | 空口之下等空點

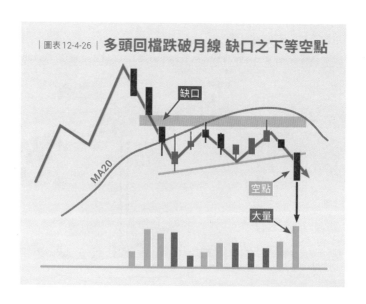

| 圖表 12-4-26 | 多頭回檔跌破月線 缺口之下等空點

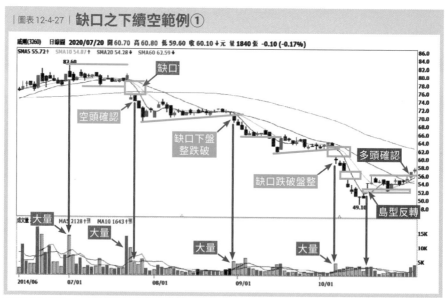

| 圖表 12-4-27 | 缺口之下續空範例①

資料來源：富邦 e01 及嘉實資訊

| 圖表12-4-28 | **缺口之下續空範例②**

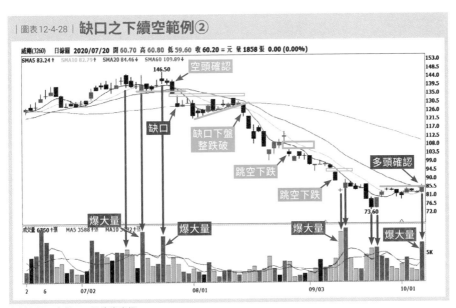

資料來源：富邦 e01 及嘉實資訊

| 圖表12-4-29 | **缺口之下續空範例③**

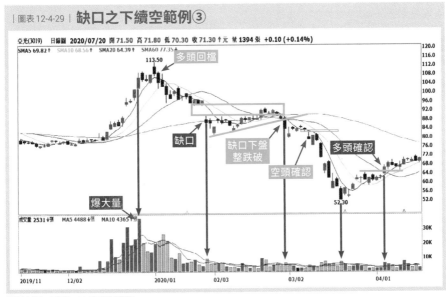

資料來源：富邦 e01 及嘉實資訊

活用技術分析寶典（下）

飆股上校朱家泓 40 年實戰精華 從 K 線、均線到交易高手的養成祕笈

13. 多轉空破多底大跌圖

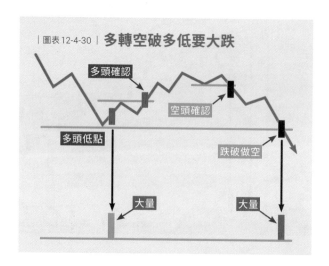

| 圖表 12-4-30 | **多轉空破多低要大跌**

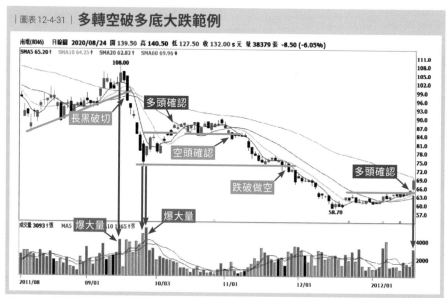

| 圖表 12-4-31 | **多轉空破多底大跌範例**

資料來源：富邦 e01 及嘉實資訊

390

14. 跌破ABC下跌圖

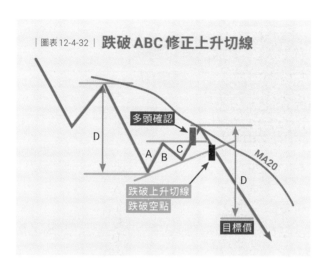

| 圖表12-4-32 | 跌破ABC修正上升切線

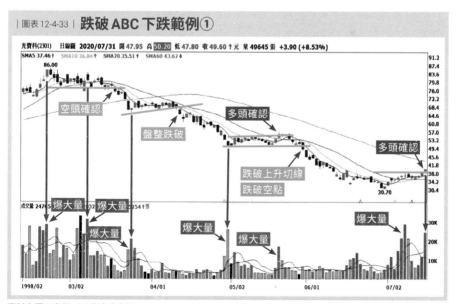

| 圖表12-4-33 | 跌破ABC下跌範例①

資料來源：富邦e01及嘉實資訊

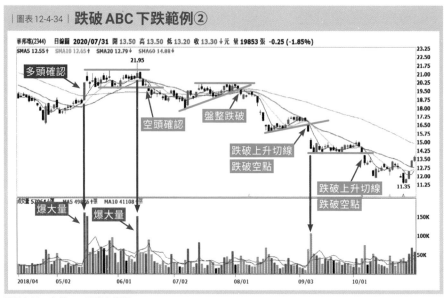

資料來源：富邦 e01 及嘉實資訊

15. 跌破下降軌道線大跌圖

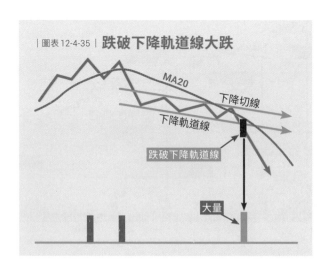

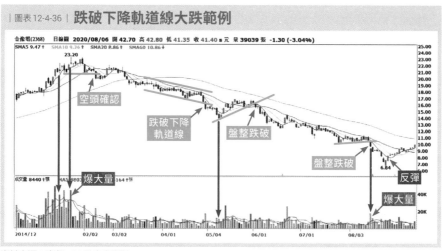

圖表12-4-36 **跌破下降軌道線大跌範例**

資料來源：富邦 e01 及嘉實資訊

18種K線空轉多祕笈圖

1. 低檔大量長紅K圖

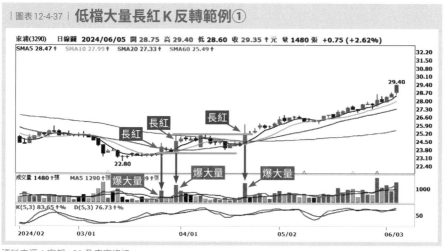

圖表12-4-37 **低檔大量長紅K反轉範例①**

資料來源：富邦 e01 及嘉實資訊

活用技術分析寶典 下

飆股上校朱家泓 40 年實戰精華 從 K 線、均線到交易高手的養成祕笈

| 圖表 12-4-38 | **低檔大量長紅 K 反轉範例②**

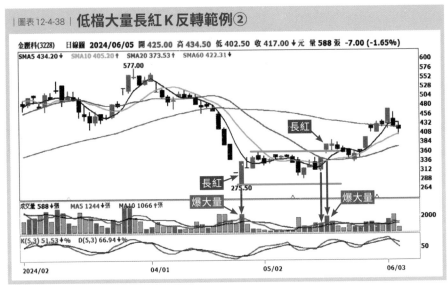

資料來源：富邦 e01 及嘉實資訊

2. 破切反彈過高大漲圖

| 圖表 12-4-39 | **破切反彈過高大漲範例①**

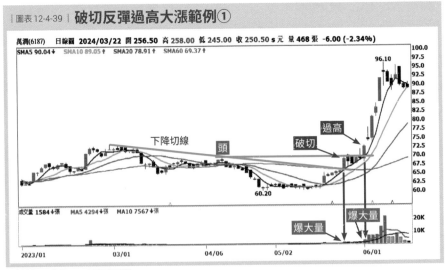

資料來源：富邦 e01 及嘉實資訊

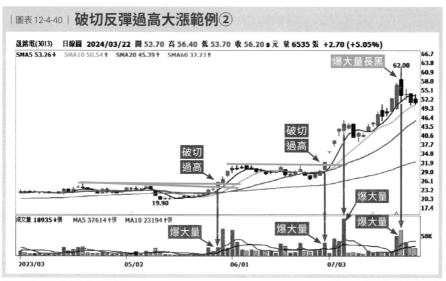

圖表 12-4-40 | 破切反彈過高大漲範例②

資料來源：富邦 e01 及嘉實資訊

3. 大量雙腳反轉圖

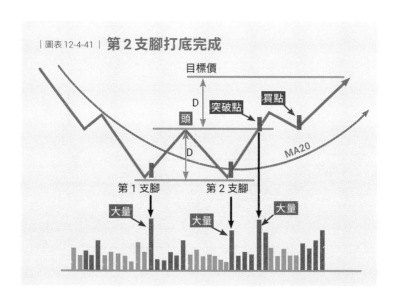

圖表 12-4-41 | 第2支腳打底完成

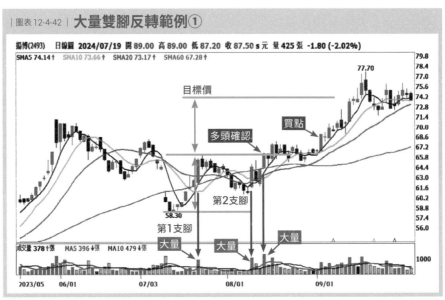

圖表12-4-42 大量雙腳反轉範例①

資料來源：富邦 e01 及嘉實資訊

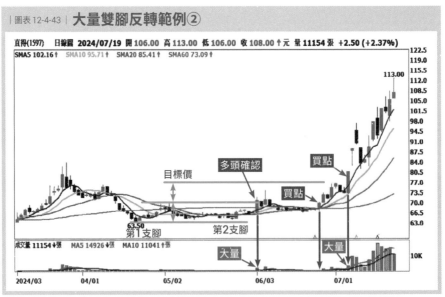

圖表12-4-43 大量雙腳反轉範例②

資料來源：富邦 e01 及嘉實資訊

4. 缺口之上續漲圖

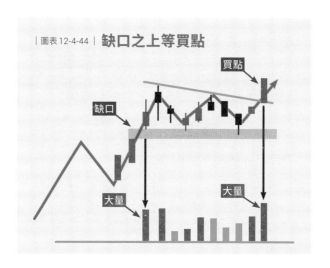

│圖表12-4-44│ **缺口之上等買點**

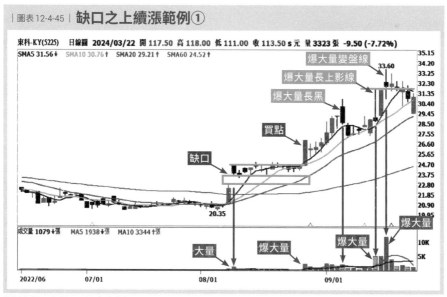

│圖表12-4-45│ **缺口之上續漲範例①**

資料來源：富邦 e01 及嘉實資訊

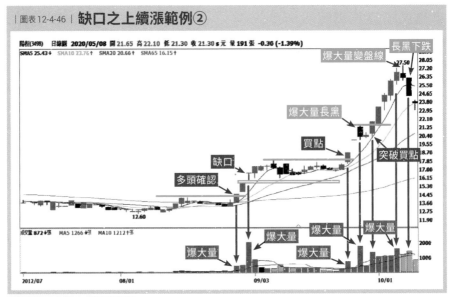

| 圖表12-4-46 | 缺口之上續漲範例②

資料來源：富邦 e01 及嘉實資訊

5. 碎步上漲攻擊圖

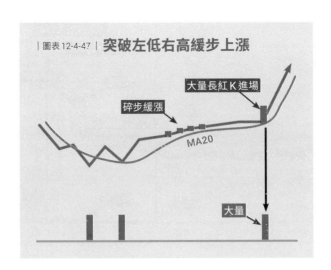

| 圖表 12-4-47 | 突破左低右高緩步上漲

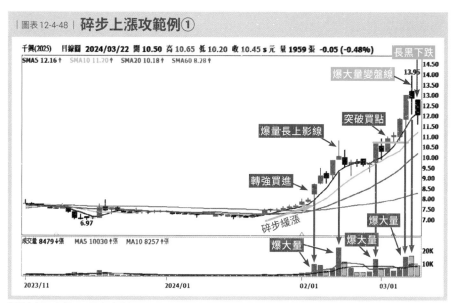

資料來源：富邦 e01 及嘉實資訊

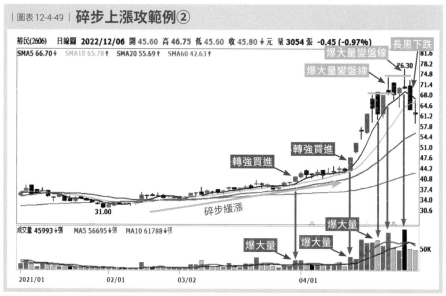

資料來源：富邦 e01 及嘉實資訊

6. 底部洗盤上攻大漲圖

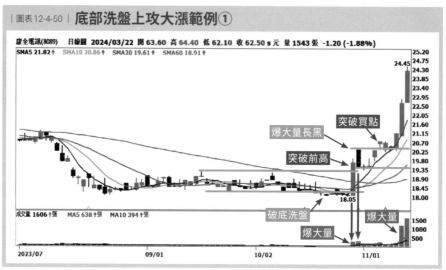

| 圖表 12-4-50 | 底部洗盤上攻大漲範例①

資料來源：富邦 e01 及嘉實資訊

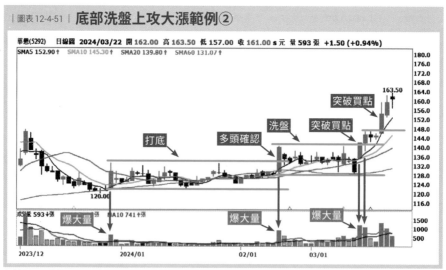

| 圖表 12-4-51 | 底部洗盤上攻大漲範例②

資料來源：富邦 e01 及嘉實資訊

7. 空轉多過空高大漲圖

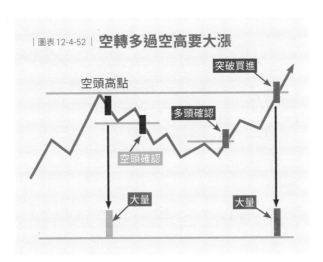

資料來源：富邦 e01 及嘉實資訊

| 圖表 12-4-54 | 空轉多過空高大漲範例②

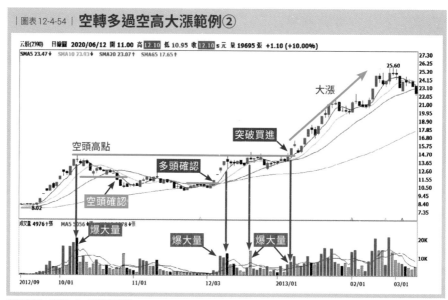

資料來源：富邦 e01 及嘉實資訊

8. 紅黑紅上漲圖

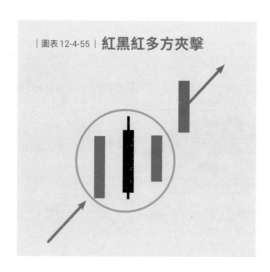

| 圖表 12-4-55 | 紅黑紅多方夾擊

| 圖表12-4-56 | **紅黑紅上漲範例①**

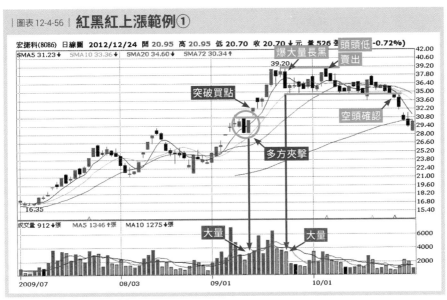

資料來源：富邦 e01 及嘉實資訊

| 圖表12-4-57 | **紅黑紅上漲範例②**

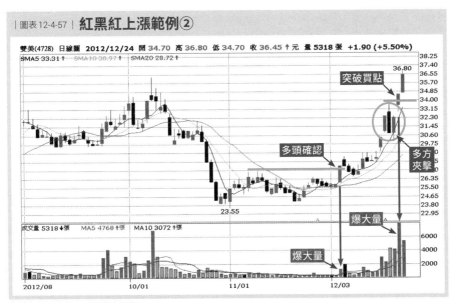

資料來源：富邦 e01 及嘉實資訊

9. 突破大量黑 K 買進

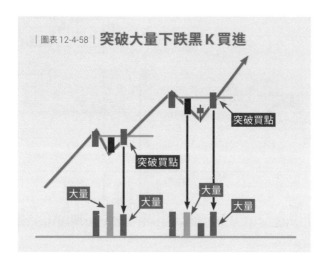

圖表 12-4-58 **突破大量下跌黑 K 買進**

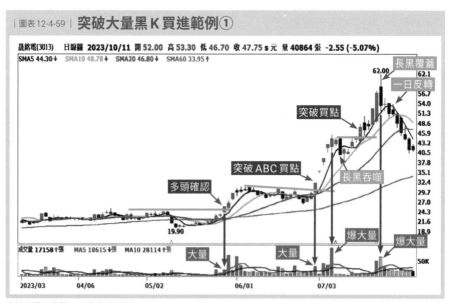

圖表 12-4-59 **突破大量黑 K 買進範例①**

資料來源：富邦 e01 及嘉實資訊

404

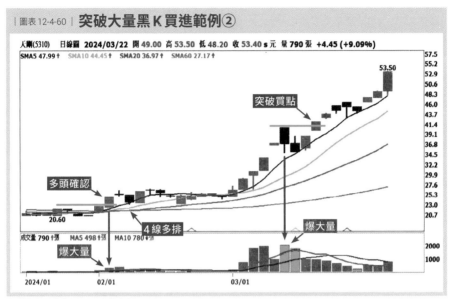

|圖表12-4-60| **突破大量黑K買進範例②**

資料來源：富邦 e01 及嘉實資訊

10. 低檔連2日大量被突破圖

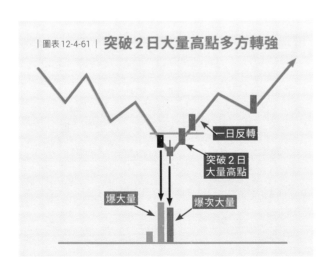

|圖表12-4-61| **突破2日大量高點多方轉強**

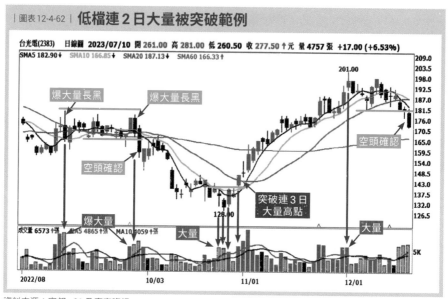

圖表 12-4-62 低檔連 2 日大量被突破範例

資料來源：富邦 e01 及嘉實資訊

11. 低檔大量長下影線圖

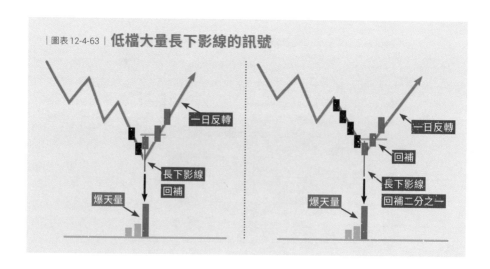

圖表 12-4-63 低檔大量長下影線的訊號

| 圖表 12-4-64 | **低檔大量長下影線反轉範例①**

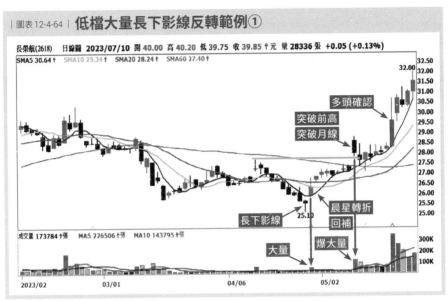

資料來源：富邦 e01 及嘉實資訊

| 圖表 12-4-65 | **低檔大量長下影線反轉範例②**

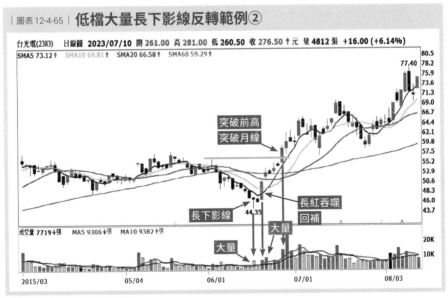

資料來源：富邦 e01 及嘉實資訊

12. 空頭反彈在月線上盤整圖

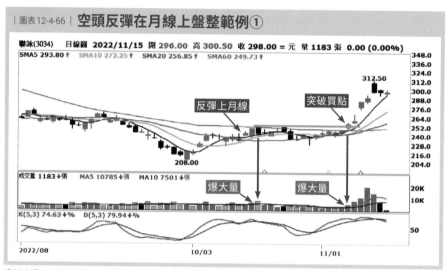

| 圖表 12-4-66 | **空頭反彈在月線上盤整範例①**

資料來源：富邦 e01 及嘉實資訊

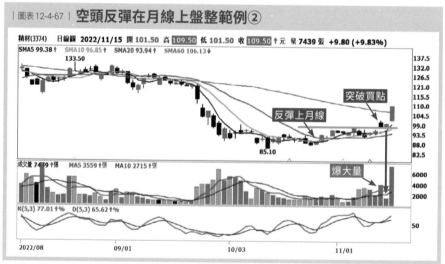

| 圖表 12-4-67 | **空頭反彈在月線上盤整範例②**

資料來源：富邦 e01 及嘉實資訊

13. 雙盤底大量紅K突破圖

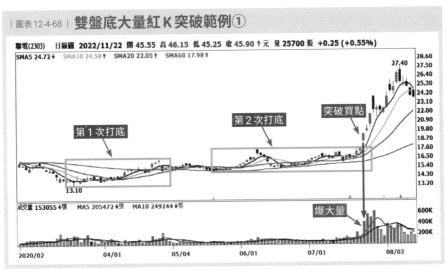

| 圖表 12-4-68 | **雙盤底大量紅K突破範例①**

資料來源：富邦 e01 及嘉實資訊

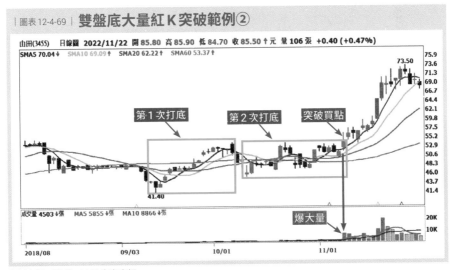

| 圖表 12-4-69 | **雙盤底大量紅K突破範例②**

資料來源：富邦 e01 及嘉實資訊

飆股上校朱家泓 40 年實戰精華 從 K 線、均線到交易高手的養成祕笈

14. 雙弧底大量紅 K 突破圖

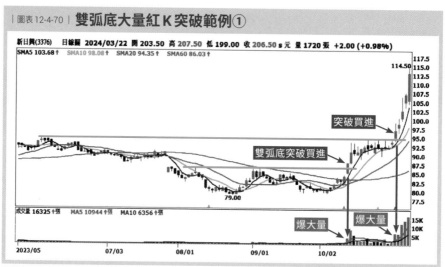

圖表 12-4-70 **雙弧底大量紅 K 突破範例①**

資料來源：富邦 e01 及嘉實資訊

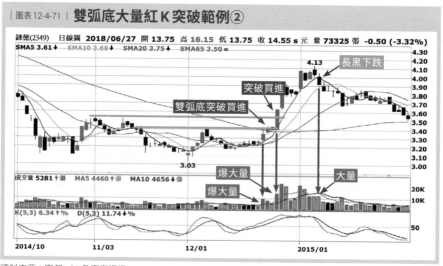

圖表 12-4-71 **雙弧底大量紅 K 突破範例②**

資料來源：富邦 e01 及嘉實資訊

15. 均線糾結紅K突破圖

| 圖表 12-4-72 | **均線糾結紅K突破範例①**

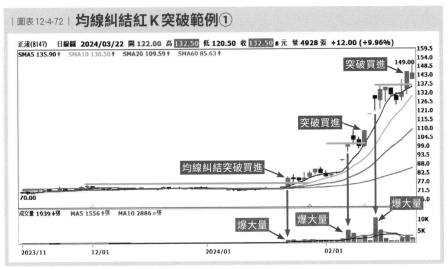

資料來源：富邦 e01 及嘉實資訊

| 圖表 12-4-73 | **均線糾結紅K突破範例②**

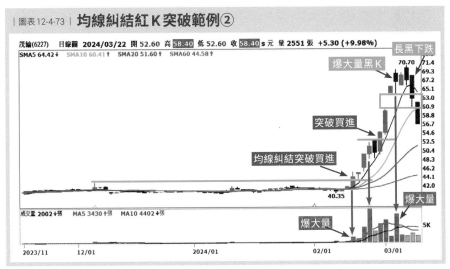

資料來源：富邦 e01 及嘉實資訊

16. 突破 ABC 上漲圖

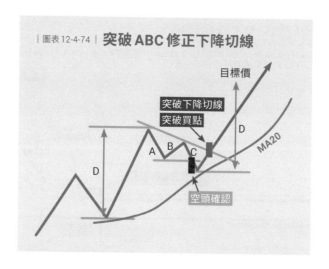

│圖表 12-4-74│ **突破 ABC 修正下降切線**

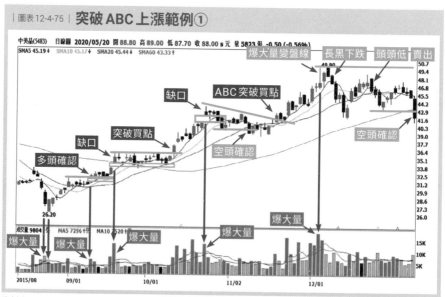

│圖表 12-4-75│ **突破 ABC 上漲範例①**

資料來源：富邦 e01 及嘉實資訊

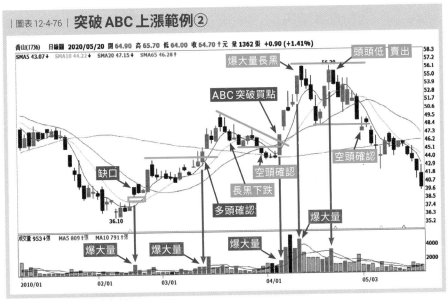

資料來源：富邦 e01 及嘉實資訊

17. 島型反轉圖

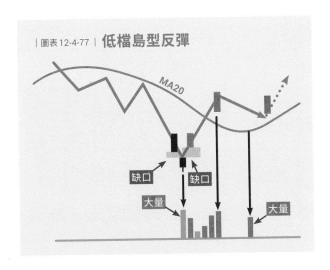

圖表 12-4-77 低檔島型反彈

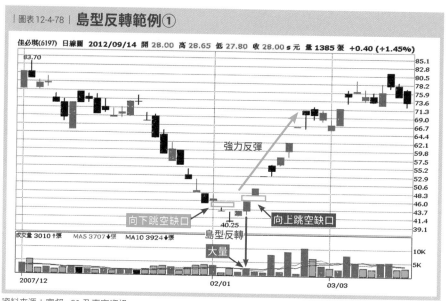

資料來源：富邦 e01 及嘉實資訊

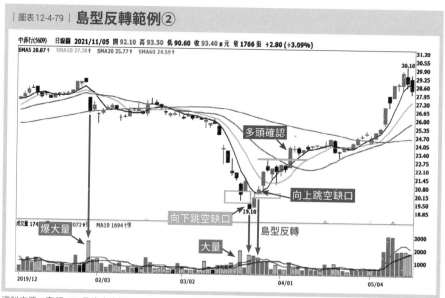

資料來源：富邦 e01 及嘉實資訊

18. 突破上升軌道線大漲圖

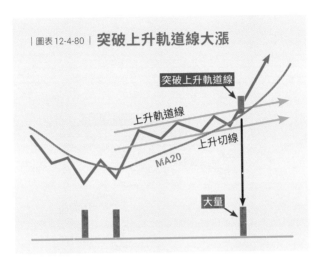

| 圖表 12-4-80 | **突破上升軌道線大漲**

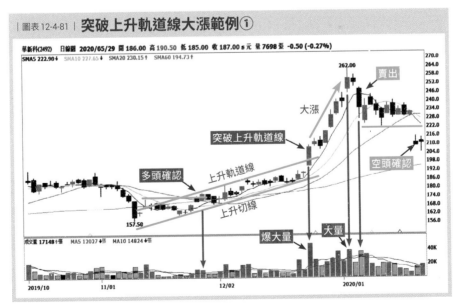

| 圖表 12-4-81 | **突破上升軌道線大漲範例①**

資料來源：富邦 e01 及嘉實資訊

| 圖表 12-4-82 | **突破上升軌道線大漲範例②**

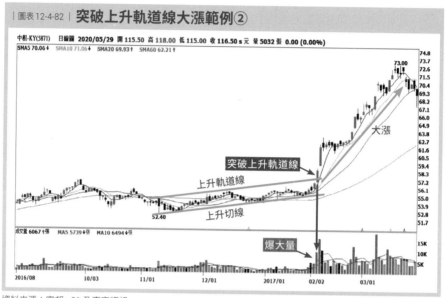

資料來源：富邦 e01 及嘉實資訊

| 圖表 12-4-83 | **突破上升軌道線大漲範例③**

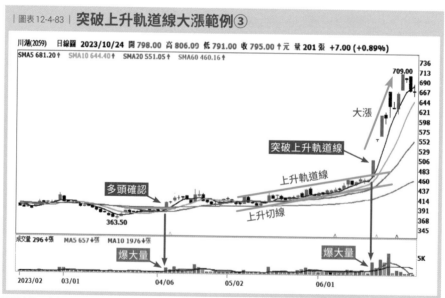

資料來源：富邦 e01 及嘉實資訊

學習筆記

學習筆記

活用技術分析寶典 (下)：

飆股上校朱家泓 40 年實戰精華 從 K 線、均線到交易高手的養成秘笈

作者：朱家泓

總編輯：張國蓮
副總編輯：周大為
責任編輯：李文瑜
資深編輯：謝一榮
美術設計：楊雅竹
封面攝影：黃聖育

董事長：李岳能
發行：金尉股份有限公司
地址：新北市板橋區文化路一段 268 號 20 樓之 2
傳真：02-2258-5366
讀者信箱：moneyservice@cmoney.com.tw
網址：money.cmoney.tw
客服 Line@：@m22585366

製版印刷：緯峰印刷股份有限公司

初版 1 刷：2024 年 11 月
初版 6 刷：2024 年 12 月

定價：1200 元

國家圖書館出版品預行編目（CIP）資料

活用技術分析寶典：飆股上校朱家泓 40 年實戰精華：從
K 線、均線到交易高手的養成秘笈 / 朱家泓著 . – 初版 . –
新北市：金尉股份有限公司 , 2024.11

　　冊；　公分

ISBN：978-626-7549-08-7(全套：平裝)

1.CST: 股票投資 2.CST: 投資技術 3.CST: 投資分析

563.53　　　　　　　　　　　　　　　113015882